SAINT ÉLOPHE.

IMPRIMATUR.

Saint-Dié, le 18 Août 1875.

✝ LOUIS-MARIE, Évèque de St-Dié.

Neufchâteau. — Imprimerie de Kienné.

Eglise de Saint-Elophe canton de Coussey (Vosges)
XIII.e siècle.
I.
C. Fontaine architecte del. 1872.

SAINT ÉLOPHE

SA FAMILLE, SA VIE, SON CULTE

PAR

L'ABBÉ ÉDOUARD ZELLER

CURÉ DE ST-ÉLOPHE

« Souvenez-vous de vos pasteurs
qui vous ont prêché la parole de
Dieu ; considérant quelle a été la
fin de leur vie, imitez leur foi.
Hébr. XIII, 7. »

NEUFCHATEAU

KIENNÉ, IMPRIMEUR-LIBRAIRE

—

1875

SAINT ÉLOPHE

CHAPITRE PREMIER

UTILITÉ DE L'HISTOIRE DES GRANDS HOMMES. — DES SAINTS.
SURTOUT DES SAINTS DU PAYS.

L'histoire des grands hommes est pleine de charmes et d'attraits. En nous présentant leurs actions particulières, elle nous offre l'image vivante de ces héros qui firent l'étonnement des siècles passés. Elle retrace leurs qualités intérieures, leurs vertus et l'esprit qui les animait. Elle nous initie à la connaissance la plus utile pour la conduite de la vie : la connaissance des hommes.

Mais trop souvent, ces histoires ne sont que des archives de crimes et de scandales, tandis que celles des saints ne présentent qu'un recueil d'actions exemplaires, que des trophées de vertus héroïques. C'est l'école de morale la plus belle, la plus facile et la plus appropriée aux personnes, aux temps et aux lieux.

L'orgueil se révolte contre l'austérité des préceptes. L'exemple la tempère, et parce qu'il agit sans éclat et sans bruit, nous l'aidons nous-mêmes à tromper notre amour-propre.

Les passions ne voyant pas de maître n'opposent que peu de résistance : le plaisir se met de la partie pour produire l'effet.

La vertu d'ailleurs ne paraît pas, dans les exemples, sombre et décharnée, comme dans un discours. Elle y est vivante et animée, son pouvoir a d'autant plus d'empire qu'elle a su intéresser le cœur par ses charmes. L'exemple enfin court au-devant des prétextes, dissipe les difficultés et fait taire les cris de notre délicatesse.

Aussi la vie d'un saint, c'est une lettre sur papier d'or envoyée du ciel : quel bien en fait la lecture ! En famille, elle ranime la foi, éveille le goût de la piété, avec l'amour de la loi du Seigneur qu'on n'oublie que trop et qu'on néglige plus encore !

C'est l'exhortation qui est préférée. C'est le sermon dont on garde le souvenir : on le comprend, on l'écoute ; il est de la maison ; il est si naïf sur les lèvres rosées de la petite fille, et si grave sous la voix pénétrée du vieillard !

On le laisse sans honte fouiller les replis de la conscience, et l'on se reconnaît dans le miroir qu'il met sous les yeux. Ses reproches sont accueillis et ses avis sont bien reçus.

Le laboureur interrompt de temps en temps son pénible travail, pour réparer ses forces épuisées. Pourquoi la famille, presque toujours courbée vers la terre, ne ranimerait-elle pas la vigueur de son âme, par ces lectures salutaires, sinon tous les jours, au moins les dimanches et les fêtes, et surtout pendant les loisirs des longues veillées d'hiver?

Cette prédication du foyer ne vaudrait-elle pas mieux que ces contes licencieux et impies qui arrachent de l'âme les augustes et saintes vérités, fondement des devoirs; brisent les ressorts intimes, seul frein efficace de la conscience; sèment à pleines mains les dogmes nouveaux de la morale indépendante, et, avec cela, les calomnies, les injures atroces et les ferments de haine contre Dieu et contre sa sainte Église.

L'histoire des justes plait toujours; mais elle intéresse plus encore ceux qui habitent les lieux qui les ont vu naître ou qui reçoivent des marques plus signalées de leur protection.

On se plait à parcourir les sentiers qu'ils ont fréquentés; à examiner les restes épargnés par le temps, ou consacrés par la piété; les monuments religieux qui attestent les évènements dont on entend le récit, et surtout à vénérer de précieuses reliques comme des instruments de la puissance divine.

Il en est ainsi de la vie de saint Élophe. C'est celle d'un saint, l'honneur de notre pays qui fut le sien, la gloire de notre Église qu'il édifia par ses sublimes vertus et par son glorieux martyre.

Les flammes et les ravages du temps ont fait périr bien des mémoires où étaient consignées les nobles actions de notre illustre protecteur. Mais outre les traditions locales, Dom Rupert, abbé de Deutz, Dom Ruyr, chanoine de St-Dié, le P. Benoît Picard, le P. Adrien, M. Victor Mourot, l'abbé Thibouret, Lagrange, A. Digot, les Bollandistes, forment un témoignage qu'on ne peut récuser.

Ce sont des champs fertiles, couverts de riches moissons. Je ne me suis pas contenté comme Ruth, la pieuse moabite, d'y ramasser quelques beaux épis échappés aux ouvriers ; mais, pour mieux arrondir ma glane, j'ai mis souvent la main dans les javelles sans même en indiquer le propriétaire, pour ne pas détourner inutilement l'attention du lecteur.

CHAPITRE II

Vue de la paroisse de Saint-Élophe. — Bacchius et Lientrude, leur noblesse, leur piété, leur mariage. — Sainteté du mariage chrétien. — Ils viennent a Soulosse. — Motifs de cette retraite. — Le Seigneur les bénit.

Lorsqu'on se dirige vers Nancy, à cinq kilomètres de Neufchâteau, on voit, tout-à-coup, à ses pieds, une profonde vallée, une belle et riche prairie, d'où le terrain, s'élevant de tous côtés, en pentes inégales, se couvre de verdure et forme une sorte d'amphithéâtre des plus pittoresques. Le Vair l'arrose et, parmi les saules et les peupliers, y promène son cours sinueux vers la Meuse, où, après de nombreux détours, il perd son nom et ses eaux, près du mont Julien, en face de Domremy-la-Pucelle.

A droite, Fruze semble se dérober dans un riant et frais vallon. Vers la gauche, on aperçoit une chapelle rustique, les moulins de Rebeauvois, et Brancourt qui se répand sur la rivière, en s'appuyant à un petit coteau planté de vignes, de haies vives et d'arbres à fruits. Au loin la vue s'étend sur les ruines du Châtelet, sur une voie romaine, sur une route qui se déroule comme un ruban festonné, et sur des montagnes dont les ondulations fuient vers le pays de Toul.

En descendant, on se trouve au milieu d'un village gracieux, assis sur les deux rives du Vair. Ce sont les restes de la capitale du Soulossois, les débris de l'antique Solimariaca.

Puis l'on gravit une hauteur escarpée, bordée de rochers abruptes que couronne, avec un groupe de maisons, une église ogivale qui domine la contrée. C'est le plateau de Saint-Élophe.

De là encore, on voit se dérouler un magnifique panorama : de vastes et fertiles campagnes, les prés et les collines de la Meuse, l'antique château féodal de Bourlémont, la vallée de la Saônelle et d'immenses forêts, véritable océan de verdure qui, à l'extrême horizon, se mêle avec le bleu du ciel.

C'est dans ce beau pays que, vers le milieu du quatrième siècle, sous le règne de Constantin-le-Grand, vint s'établir une des plus illustres familles de la Gaule. Bacchius, de race patricienne, et Lientrude, issue du sang des rois de la Germanie, s'unirent devant le Seigneur et l'Église reçut leurs serments.

Il est beau le mariage des enfants de Dieu! Déjà si pur dans la maison des patriarches, il brille d'une sainteté plus éclatante encore sous la loi de grâce. Jésus-Christ en a fait un grand sacrement, en protège l'intégrité et frappe de ses anathèmes le téméraire, soit grand, soit petit, qui en fait une institution humaine, un jeu de la passion, un marché, un caprice.

Comme autrefois Tobie, le jeune Bacchius offrit sa prière à Dieu, pour n'être pas ébloui par des apparences frivoles et mensongères, mais uniquement par l'honneur, la sagesse et la vertu.

La belle et pieuse Lientrude choisit ce noble chrétien parce qu'il était craignant Dieu et le fils d'un homme excellent. L'on put dire de ces heureux époux ce que les Saints-Livres rapportent des parents de la Vierge Marie : ils vivent tous deux sans contestation, ni querelle, dans les voies du Seigneur. Ils sont riches en vertus. Leurs cœurs brûlent d'une sainte ardeur, et la pudeur garde leurs sens, dans un chaste amour, alors qu'un lien sacré unit leurs volontés.

Le christianisme, alors, n'avait pas fait encore des progrès bien remarquables dans le nord de la Gaule. Mais par une grâce toute particulière, Bacchius et Lientrude, éclairés des premiers rayons de la foi, avaient appris, dès leur naissance, à chérir, d'un amour inébranlable l'Église de Jésus-Christ, tant persécutée depuis son origine, et pourtant toujours victorieuse, et à suivre ses divines prescriptions.

Aussi, plus avides des joies du ciel que des honneurs de la terre, ils résolurent de renoncer aux grandes dignités auxquelles les appelaient tout naturellement et leur fortune et leur noblesse ; d'abandonner les palais des souverains, si fertiles en naufrages, surtout alors, où les uns étaient livrés aux turpitudes du paganisme, et les autres aux criminelles erreurs de l'hérésiarque Arius, pour goûter, à la campagne, les douceurs d'une vie innocente, loin du bruit des grandes villes et des intrigues des cours.

Ils vinrent des environs de Châlons-sur-Marne à Solimariaca. Ils possédaient, à peu de distance de cette ville, outre de grandes propriétés, une habitation qui devait être bien riche, s'il est permis d'en juger par les superbes mosaïques que l'on découvre dans les lieux où l'on suppose qu'existait cette magnifique demeure.

A cette époque, les haines nées de l'orgueil, les divisions, les implacables rivalités, les perfidies de l'ambition, les vengeances inflexibles, les insatiables appétits de la cupidité et des jouissances grossières étaient l'âme et la vie du monde païen.

La maison de Bacchius était comme une fleur au milieu des épines. Elle était chaste et pure, sobre, modeste, bienveillante pour tous, et généreuse envers l'infortune. Les jours s'y écoulaient paisiblement dans le service de Dieu et la pratique des vertus.

Des dispositions si saintes ne pouvaient qu'attirer les bienfaits du Seigneur. Aussi Dieu bénit ces heureux époux, en leur accordant un honneur incomparable : une famille de prédestinés, cinq enfants, Euchaire, Élophe, Libaire, Suzanne et Menne, que l'Église a placés sur ses autels.

CHAPITRE III

La famille chrétienne. — Mission des parents. — Dignité de l'homme. — Dévouement de la femme. — Éducation des enfants. — Bonheur au foyer domestique. — Vocation.

Ce n'est pas sans la plus vive émotion que la pensée se reporte à ce foyer domestique d'où s'exhalaient, comme d'un sanctuaire, les plus doux parfums de la vie de famille.

Chez Bacchius, comme sous la tente des anciens patriarches, les anges venaient s'asseoir. Ces petits enfants qui, chaque jour, entouraient sa table, n'étaient-ce pas des anges? Aimables enfants, délicieuses petites créatures, lys de la vallée qui éblouissent par leur blancheur; fleurs du bel âge qui s'épanouissent et répandent autour d'elles le charme de la modestie, cette gaîté franche, qui vient d'une âme candide, qui fait tant plaisir à voir, et qu'il est si doux de goûter!

L'enfance a pour beauté la pudeur, pour amusement, la sagesse. Elle est aimée de Dieu et honorée des hommes. Elle réjouit le ciel et édifie la terre. Quel respect! Quelle obéissance! Quelle douceur de regards et quelle fraîcheur d'innocence! Mais aussi, comme les ébats joyeux de ce petit monde animaient et embellissaient la vie de Bacchius et de Lientrude!

Ils comprirent la sublimité de leur mission. En leur

donnant ces petits enfants, Dieu leur fit part de sa paternité divine. Il leur confia ce qu'il a de plus cher, puisqu'il a livré son fils unique pour les racheter.

Dieu a tout créé, et il conserve tout. Il nourrit les oiseaux du ciel, il habille les fleurs des champs. Mais pour ses enfants, il remet ce soin aux pères et mères. Il en a toujours la sollicitude, mais c'est par leur dévouement qu'il l'exerce. Il les établit, en son lieu et à sa place, pour les nourrir, les vêtir et les élever. Ils deviennent les précepteurs des enfants de Dieu. Quelle confiance! Quelle grande et noble fonction! Mais qu'elle est sérieuse! Aussi ces pieux parents en firent-ils un de leurs devoirs les plus sacrés.

Chef de la famille, Bacchius soutint sa couronne de lieutenant de Dieu. Il se crut l'homme donné par la miséricorde divine à son épouse, pour lui faciliter le chemin de la vie et lui aplanir celui du ciel. Il fut, pour elle, l'ami vrai, fidèle et bon, sous les rides de la vieillesse, dans la gêne des infirmités, comme dans les grâces de l'adolescence et la fleur de la santé, le protecteur de sa vertu, de son honneur et le soutien de sa faiblesse.

La pieuse Lientrude suivit les traces de la femme dont l'Esprit-Saint fait l'éloge. Compagne assidue de son époux, elle partage ses peines et ses joies; douce et prudente conseillère, elle est la confidente de ses projets, de ses entreprises.

Mais surtout, comme la fille d'Israël qui monta le chemin du calvaire à la rencontre du Sauveur, pour essuyer, d'un linge béni, sa face inondée de sueur et souillée de poussière, elle lui adoucit la voie douloureuse de la vie.

Par sa douceur, sa résignation, sa confiance en Dieu et ses soins dévoués, elle répand un baume sur son cœur aigri, relève son âme abattue, tempère ses chagrins et soulage ses membres fatigués.

Elle est un aide semblable à lui. Elle est la meilleure part, non parce qu'elle est noble, riche et belle ; mais parce qu'elle est vertueuse.

A des parents de si haute vertu, l'éducation devint facile. Animés des principes de la foi qui donne des vues si élevées sur les devoirs envers les enfants, ils sentirent que la famille est la meilleure école, et qu'elle est le temple où l'enfance doit recevoir les premiers éléments de la science évangélique.

Bien élever un enfant, c'est tremper énergiquement son âme, le former à un esprit droit, à un jugement sain par des idées justes. C'est disposer son cœur aux sentiments de piété, de crainte de Dieu, de pudeur, de respect et d'obéissance. C'est aider son naturel s'il est heureux, le redresser s'il ne l'est pas. C'est l'amener à une humeur égale, à un caractère facile, à des dispositions bienveillantes, à des habitudes de religion, d'honnêteté, de propreté, de travail et de sobriété. C'est enfin, lui donner le savoir-vivre, en réglant son ton, son langage et ses manières.

Telle fut l'éducation des enfants de Bacchius. Avec un mélange de bonté, de patience et de fermeté, le tout imprégné du plus tendre amour, ces jeunes âmes furent formées à cette justice qui les conduisit à une si éminente sainteté.

Lientrude aimait à s'entourer de son angélique famille. Assise au milieu d'elle, son bonheur était d'enseigner ces vertus paisibles qui donnent au cœur un contentement si pur, la connaissance de Dieu, l'origine de l'âme et sa destinée céleste. Elle inclinait la raison naissante de ses enfants vers les mystères de la foi, leur rendant aimable une religion faite pour le bonheur de tous.

Par ses leçons embaumées de toute la pureté de son amour, et de toute la suavité de son sourire, elle portait doucement son intéressante famille à l'horreur du vice et à l'amour de cette piété candide et aimable, qui est le plus bel ornement du jeune âge.

Une docilité parfaite, une affectueuse gratitude étaient, pour cette bonne mère, la plus douce récompense de ses soins multipliés.

Tandis que Bacchius donnait à Euchaire et à Elophe une éducation plus vigoureuse, et une instruction plus en rapport avec leur destinée, Lientrude suivait les exercices de ses petites filles. Tous les deux, le soir et le matin, courbaient le front devant la Majesté divine. Leurs enfants, rayonnants de la joie des séraphins, les mains jointes, et les yeux levés au ciel, offraient à Dieu, avec eux, leur petite prière. Saintes et puissantes prières des anges d'ici-bas, portées par les anges d'en haut, aux pieds du Tout-Puissant qui veut bien que nous l'appelions notre Père.

Heureux les parents chrétiens, qui mettent leur joie à être eux-mêmes les premiers apôtres de leurs familles, et qui regardent comme le plus précieux héritage à leur laisser la piété et la vertu ! Plus heureux encore les enfants qui trouvent, auprès d'eux, les exemples comme les leçons de la foi.

C'est là qu'il fait beau, dans la famille chérie de Dieu !

Il n'est pas de plus délicieux asile. Il connaît nos secrets, tressaille à nos joies et s'émeut de nos soupirs. L'enfance y entretient comme un sourire du ciel, par ses grâces naïves. La jeunesse l'embellit de ses rêves dorés. L'âge mûr s'y délasse de ses agitations, et le vieillard y attend en paix sa dernière heure.

Qu'elle habite une chaumière ou un palais ; qu'elle se tienne sur les degrés d'un trône, ou qu'elle veille à la garde des troupeaux, nous aimons la famille.

C'est là que le premier rayon de lumière est venu caresser notre paupière ; que notre langue s'est déliée aux accents si doux d'une mère ; que notre pied a hasardé ses premiers pas ; que notre intelligence s'est éveillée au sens de la raison et de la conscience.

C'est dans ses bras que la religion est venue nous prendre pour nous marquer du signe de la Rédemption, pour nous conduire heureux au banquet des anges, et plus tard, graves et soucieux, au pied des autels où elle a consacré nos engagements et nos destinées. Il n'est pas jusqu'aux larmes que nous y avons versées qui ne nous la rendent plus chère.

Et cependant, de nos jours, on garde peu le foyer de la famille, parce que, d'une part, il perd de sa sainteté et de ses charmes, à mesure que la foi et l'innocence s'en éloignent, et que, d'autre part, par une conséquence naturelle, il ne suffit plus à des besoins que des instincts sensuels, surexcités par des doctrines perverses, produisent dans les âmes.

Les enfants de Bacchius grandissaient, et malgré le bonheur de vivre ensemble, il fallut renoncer aux douceurs de la vie de famille, se disperser et quitter les lieux témoins de leurs jeux innocents et purs.

Le soleil ne marche pas à l'aventure, sa route est tracée et il ne s'en écarte pas. L'homme ne saurait non plus aller au hasard. Dieu lui a marqué son chemin. Tous nous avons un sentier à suivre, une mission à remplir.

Moyse commande, Aaron sert à l'autel, Béséléel travaille les ornements du tabernacle, la famille de Mérari a charge de le porter, et chaque tribu a sa place autour de la tente du Seigneur.

Le Père de famille indique à chacun le travail qu'il attend de lui et lui donne la faculté et les moyens de le faire. C'est l'état qui est propre, c'est la destinée. La récompense sera belle pour le serviteur docile qui aura fait la volonté du maître.

CHAPITRE IV

Saint Euchaire. — Sainte Libaire. — Leurs vertus. — Leur martyre. — Leur culte.

Euchaire fut le premier que la voix de Dieu enleva à la tendresse de ses parents. La sainteté de sa vie, la science divine, acquise auprès des illustres confesseurs tout fiers de porter encore les nobles cicatrices des persécutions, l'appelèrent au sacerdoce.

Il vint à Toul y prêcher la foi et y fonder cette école épiscopale, qui, dans la suite des temps, fut si célèbre par son antiquité et par le mérite de ses docteurs. Il fut promu à la dignité d'Évêque et se rendit à Grand, ville fort remarquable alors par sa population, ses monuments et le séjour des empereurs. Il y fit briller la lumière de l'Évangile avec l'ardeur et la charité d'un apôtre, et, dans les jours mauvais de Julien, il mit tout son zèle à disposer ses ouailles à recevoir la couronne du martyre. Pour voler au secours des Chrétiens en danger, il quitta cette ville ; mais il fut saisi et mis à mort pour son Dieu, à Pompey, au confluent de la Meurthe et de la Moselle, l'an 362, comme l'atteste la gothique épitaphe de son tombeau :

« L'ami de Dieu et vrai martir Eucaire,
« Jadis de Grand, évêque débonnaire,
« Noble de sang de Baccil réal.
« L'an de salut trois cent soixante-deux égal,
« Par Julien, jadis empereur des Romains,
« Dit l'Apostat, pour ses faits inhumains ;
« Fit mettre à mort, par Vandres et par Païens,
« Vingt et deux cents chevaliers chrétiens,
« Près de Pompein, au lieu qu'on dit aux Tombes.
« Des dessus dit, le benoît saint Eucaire
« Etait guidon, miroir et exemplaire. »

Les fidèles transportèrent le corps du saint évêque à Liverdun et lui donnèrent une honorable sépulture. Ils ressentirent bientôt les effets merveilleux de leur piété. Cette ville, d'après une charte du roi Dagobert 1er, dut au bienheureux martyr, le bonheur d'échapper, en 407, à la fureur des Vandales qui ravageaient la province.

Saint Gauzelin, au milieu du Xe siècle, leva ses reliques de son premier tombeau et les exposa dans l'église paroissiale de Saint-Pierre de Liverdun.

Pierre de Brixey, qui mourut en Palestine, les mit, en 1184, dans une châsse que Giles de Sorcy ne trouva pas assez belle. Soixante ans plus tard, il les transféra dans une autre beaucoup plus riche, en présence de Frédéric IV, duc de Lorraine, de Marguerite de Navarre, son épouse, et de l'élite du clergé et de la noblesse.

Une armée sacrilége de reitres, avec le duc de Bouillon, en 1587, dévasta la contrée, enleva les riches ornements de cette châsse et fit disparaître dans les flammes les précieux ossements du saint martyr !

Dès le berceau, sainte Libaire avait donné des gages de la destinée sublime que Dieu lui réservait. Naturellement portée au bien, elle croissait en sainteté devant le Seigneur et devant les hommes. Elle avait toutes les qualités qui peuvent orner l'adolescence et la rendre aimable. La main du céleste époux devait seule cueillir cette fleur qui s'élevait si fraîche et si suave.

La continence, dans ce qu'elle a de plus angélique, était une vertu inconnue au monde. C'est un fruit de l'Évangile. Ses combats et ses triomphes, pour être cachés aux hommes, n'en ont que plus de délicatesse aux yeux de Dieu.

Libaire le comprit, et, jeune encore, elle jura, dans son cœur, de n'admettre jamais un époux mortel. Douce, modeste, humble et pieuse, sa vue répandait la consolation et la joie.

La virginale pureté, comme le lys odorant, ne se contente pas des eaux fécondes de l'oraison et des sacrements. Elle veut encore être entourée des épines de la pénitence. Aussi affligeait-elle son corps innocent par les plus dures mortifications.

La grâce lui montra le néant des grandeurs humaines, la rapidité de la vie, et les droits de Dieu. Elle l'amena au renoncement des affections du monde. La jeune fille s'arracha à la tendresse de ses parents, et vint à Grand recevoir, un jour de Pâques, des mains de l'Évêque, son frère, le voile des vierges.

Elle se soumit aux saintes rigueurs de la vie religieuse, sans toutefois garder la clôture et renoncer à ses biens. Mêlant aux consolations de la vie contemplative les labeurs de la vie active, elle faisait paître son petit troupeau dans les environs de la ville.

L'Apostat venait de porter ses criminels édits; Salluste, gouverneur de la Gaule-Belgique, se trouvait à Grand. Avare et débauché, prêt à toutes les servilités qui pouvaient le conduire aux honneurs, il se hâta d'exagérer les ordres du tyran et de persécuter les Galiléens.

Saint Euchaire avertit sa sœur du danger qui la menaçait. Libaire, avec un sourire radieux, s'écria, avec fermeté : Je suis chrétienne !

Au mois d'octobre, à l'occasion des vendanges, les Païens se livrent à toutes sortes d'orgies, et, dans leur ivresse, désignent la jeune Libaire à la lubricité du gouverneur. Qu'on la saisisse et qu'on me l'amène, dit-il.

La fille de Lientrude frémit d'épouvante ; mais comptant sur son divin époux, elle se présente noblement. Avec la conviction profonde qui caractérise les premiers Chrétiens, elle développe les principes de la foi, avec une telle éloquence, que quarante soldats, frappés de l'énergie de sa parole, se déclarent les adorateurs de son Dieu.

Écumant de rage, Salluste lui déclare que si, à l'instant, elle n'adore Apollon, elle va subir toutes les rigueurs de la loi. L'héroïque jeune fille lui répond par le mépris. Aussitôt elle est cruellement battue de verges, et son corps virginal baigne dans son sang.

Où doit-elle mourir, demande le bourreau ? A la deuxième borne de la voie qui conduit à Soulosse, répond le gouverneur.

Libaire est entraînée hors de la ville. A la deuxième borne, elle s'agenouille, ramène par devant sa belle chevelure, croise ses mains sur sa poitrine, et tandis qu'elle remercie Jésus-Christ de réunir à sa couronne les roses du martyre avec les lys des vierges, le bourreau, d'un seul coup, abat la tête de la jeune héroïne dont les anges emportent l'âme dans les demeures éternelles.

Sainte Libaire, priez pour nous !!

De pieux Chrétiens recueillirent, dans un grand voile, le corps, la tête et les ornements de sainte Libaire. Ils les déposèrent religieusement dans un tombeau, où ils demeurèrent jusqu'au jour où ils furent exposés à la vénération publique.

Au Xe siècle, une chapelle fut élevée au lieu de son martyre. Vers la fin du XVe, les habitants de Grand lui firent un nouvel honneur, en construisant la belle église actuelle. Celle-ci resta dans la paisible possession de ses précieuses reliques jusqu'en 1587. Le cardinal de Vaudémont, évêque de Toul, craignant la fureur des protestants d'Allemagne qui, sous la conduite de Frédéric, comte du Rhin, faisaient la guerre aux choses saintes plus encore qu'aux objets de grand prix, pour les soustraire aux sacriléges de ces barbares, les fit déposer à l'Abbaye de Saint-Léon de Toul. Pibon, au XIIe siècle, et de Laigle, en 1700, disposèrent de quelques ossements, le premier, pour la consécration du grand autel de saint Mansuy, et le second, en faveur de l'église de Condé-Sainte-Libaire, au diocèse de Meaux.

Henry de Thiard de Bissy écoutant, en partie, les plaintes de l'église de Grand, voulut bien lui rendre une côte de sa chère patronne.

Enfin, pendant la tempête de 1792, époque de destruction et de profanation, la municipalité de Grand eut le courage de réclamer le précieux dépôt de saint Léon, les reliques de sainte Libaire, et, grâce au généreux dévouement de Claude Collin, avocat au parlement, juge de paix du canton de Grand, elle eut le bonheur de recevoir, en grande pompe, les restes sacrés de son auguste Vierge.

En 1847, Monseigneur l'Évêque de Saint-Dié en constata canoniquement l'authenticité.

La riche commune de Grand, qui a toujours conservé une vénération si profonde et une si grande confiance à sa puissante protectrice, redonnera bientôt à sa belle église son antique splendeur, et la rendra digne de la châsse magnifique, où les saintes reliques de la fille de Lientrude ont été transférées solennellement le 7 octobre 1874.

CHAPITRE V

Sainte Suzanne. — Sainte Menne.

Suzanne, non moins vertueuse que sa sœur Libaire, vécut comme elle dans une perpétuelle virginité. Elle eut aussi la gloire de cueillir, le même jour que sa sœur, la couronne du martyre, dans le Bassigny, sur les confins de la Lorraine et de la Champagne.

Menne était la plus jeune des enfants de Bacchius et l'objet spécial de sa tendresse. « Dès son premier âge elle donnait déjà des étincelles que la splendeur de son esprit surpasserait la beauté et la gentillesse de son petit corps. »

Lientrude confia son enfant à un saint évêque de Châlons, Mannius, de ses amis. Il accueillit « la fillette avec une débonnaire tendresse, » lui donna le baptême et la renvoya dans sa famille, avec ordre de revenir dans cinq ans pour achever ses études. La petite fille revint, en effet, pour se perfectionner dans les sciences et les vertus, où elle fit d'étonnants progrès.

Son père et sa mère souffraient de son absence. Ils eurent le désir de la revoir. Le bon évêque ne voulut pas les contrister : « Il la leur remit fort honorablement déjà grandelette, » après lui avoir donné les avis les plus paternels.

Douée d'une éclatante beauté, enrichie des dons les plus remarquables de l'esprit et du cœur, la noble jeune fille fut bientôt demandée en mariage par les princes ses voisins.

C'était le désir de ses parents. Elle seule pouvait per-pétuer la famille. Ils l'y engagèrent avec les plus vives instances. Non, répondit la vertueuse enfant, Jésus seul sera mon époux. Je préfère de beaucoup la perle de la virginité à tous les avantages du monde.

Malgré ce refus, Bacchius fixe les noces, et les prépare splendides. Menne affligée, inconsolable, verse des larmes amères. Ces liens lui font horreur.

Elle implore le Dieu des âmes pures, quitte la maison paternelle et s'enfuit, avec une suivante, vers Châlons.

Elle demande au saint Prélat qui l'a levée du baptême,
« la dot de son filiolage. » C'est vous, lui dit-elle, qui
m'avez appris à aimer Jésus-Christ. Achevez votre œuvre
et couvrez ma tête du voile de l'Agneau sans tache.

L'Évêque, craignant l'indignation de son père et de
son fiancé, refusa de bénir le voile que lui présentait la
jeune fille. Mais un ange aussitôt le prend, le soulève
et le pose sur la tête de la vierge chrétienne.

Bacchius, instruit de cet évènement, reconnut, à ce fait
merveilleux, la volonté divine et s'y soumit sans murmure. Quelque temps après, il reçut sa fille bien-aimée
avec toute sa tendresse paternelle. Il lui assigna pour
servir Dieu, selon ses désirs et selon son goût, une solitude, un lieu convenable, dans les environs de Blénod-
lès-Toul. Un oratoire, parfaitement restauré, conserve le
souvenir du séjour de la sainte.

La persécution avait dispersé ses frères et sœurs. La
mort avait remis à Dieu son père et sa mère. Menne se
dirigea vers les Vosges. Arrivée près d'une rivière large
et profonde, où il n'y avait ni barque ni nacelle, elle met
sa confiance en Dieu, fait le signe de la croix et descend
dans le gouffre qu'elle traverse à pied sec. Le nom de
Gué-Menne, qui a traversé les siècles, est un témoin de
ce prodige.

Elle arrêta sa demeure non loin de Mirecourt, auprès
de la montagne de Sion, à Fontenet, territoire de Pusieux.
Elle y vécut de la vie des anges. Elle signala son pouvoir
devant Dieu par de nombreux miracles en faveur des
habitants de cette riche contrée. On a parlé longtemps
d'un arbre planté par ses mains virginales. Une source
d'eaux limpides et bienfaisantes est encore regardée de
nos jours comme un effet de sa puissante bonté.

Lorsqu'elle reçut dans le ciel la couronne des Vierges, ses fidèles compagnes et ses pieux voisins déposèrent son corps dans l'église du lieu, et l'honorèrent comme leur patronne.

Herman, natif de Cologne, évêque de Toul, jeta les fondements de l'Abbaye de Poussay, en 1024, et mourut avant de l'achever. Brunon, de la maison de Dachsbourg, grand prévôt de Saint-Dié, évêque de Toul, et puis Pape, sous le nom de Léon IX, termina l'œuvre de son prédécesseur. Il leva le corps de sainte Menne, et le transporta dans l'abbaye le 15 mai 1036. Sainte Menne devint la patronne des nobles dames.

Pendant la révolution, la châsse où étaient renfermées ses saintes reliques fut brisée ; mais les ossements sacrés furent recueillis par des habitants de Mirecourt. Après de longues et patientes recherches, M. l'abbé Deblaye eut le bonheur de les découvrir. Le savant mémoire qu'il offrit à Monseigneur Caverot, évêque de Saint-Dié, permit au Prélat d'affirmer l'authenticité de quelques-uns de ces précieux restes.

<hr>

CHAPITRE VI

ENFANCE DE SAINT ÉLOPHE. — PREMIÈRE ÉDUCATION. — SES VERTUS. — PREMIÈRE COMMUNION. — JEUNESSE. — SES JOIES. — SES DANGERS. — SOINS QU'ELLE RÉCLAME.

Le plus beau fleuron de la couronne de Bacchius fut assurément saint Élophe. Dans sa première enfance, il partagea avec ses frères et sœurs la tendresse et la sollicitude de ses parents. Comme eux, il reçut l'éducation du foyer domestique, base unique et seule durable de tout enseignement religieux. Mais destiné à être le flambeau de l'Église et à la glorifier par l'effusion de son sang, il fut prévenu de grâces toutes privilégiées.

Ame ferme, esprit droit, cœur généreux, intelligence distinguée, il apprit de bonne heure à mettre l'estime de la religion au-dessus de la gloire et du faste du monde ; à aimer Dieu, à craindre ses jugements, à désirer la pénitence, à fuir le péché ; à devenir obéissant, respectueux, humble sans lâcheté, et constant sans arrogance.

La vertu qui s'épanouissait sur son jeune front, relevait la délicatesse de ses traits, la noblesse de sa tenue, et faisait d'Élophe l'enfant le plus beau, le plus aimable, les délices de tous.

Témoins des belles et rares qualités de leur fils, ses parents étaient trop sages pour s'en faire un aliment de sotte vanité, un motif d'orgueil ridicule. Ils les considéraient comme des dons venus du ciel, qu'il leur fallait cultiver avec zèle et reconnaissance.

Combien de fois la pieuse Lientrude, tenant sur ses genoux son enfant bien aimé, lui redisait les bienfaits de Jésus et la tendresse de Marie ! D'une main, lui montrant le ciel, et de l'autre, le pressant sur son cœur, et le couvrant de baisers, dans l'effusion de l'amour maternel, elle lui répétait ces sublimes paroles qu'une grande reine redira, plus tard, à son fils saint Louis, au château de Dourdan : mon enfant, je vous aime bien, mais Dieu m'est témoin que j'aimerais mieux vous voir mort à mes pieds que de vous voir commettre un seul péché mortel !

Convaincu que l'esprit et le cœur des enfants, susceptibles, comme une cire molle, de prendre toutes les impressions, se façonnent dès le principe au bien ou au mal, pour toute la vie, selon la première forme qu'on leur donne, cette excellente mère se hâta de l'initier aux éléments du christianisme, et de lui faire, de cet enseignement, un corps complet de croyances et une règle sûre de morale.

Élophe écouta les leçons maternelles avec une merveilleuse avidité, et, sous l'œil de Dieu, fit d'admirables progrès dans les sciences divines.

Sa tendresse pour les pauvres était incomparable. Leur misère faisait couler ses larmes, et son bonheur était de les soulager.

Ennemi des jeux qui fatiguent l'esprit ou qui passionnent souvent au détriment du bonheur, il se livrait volontiers aux exercices qui ne demandent que la souplesse des membres, la célérité de la course et la dextérité des manières.

Pénétré de la plus tendre dévotion envers Marie, souvent on le voyait devant ses autels, à genoux près de sa mère, tendre ses petites mains vers la reine des Vierges, l'aimable protectrice des enfants ; ou, les yeux doucement attachés au tabernacle, demander à Jésus, la sagesse pour lui, et le bonheur pour ses parents.

Des dispositions si saintes, de si éminentes vertus hâtèrent pour lui le jour le plus beau de la vie, le jour du ciel, le jour si désiré, où le Maître du monde descend, pour habiter et vivre dans le cœur d'un enfant, le transformer, le diviniser.

Esther, du sein de la captivité, monte sur le trône d'Assuérus, Bathilde change les livrées de l'esclave pour

ceindre le diadème de reine de France ; qu'est cette étonnante élévation, qu'est la gloire des rois, qu'est le bonheur
de Salomon devant le bonheur, la gloire, la sublime
dignité de cet enfant !

Aussi, qui pourrait dire ce qui se passa entre Dieu et
son fils bien-aimé, lorsque le sang divin coula dans son
jeune cœur. C'est la douce pluie qui rafraîchit le lys du
vallon. C'est la manne qui a toute douceur, c'est le pain
de vie. Qu'il est beau, ce jeune enfant, sans remords ni
chagrin, paré de toute la fraîcheur de l'innocence, assis
sans étonnement à la table des anges ! Des larmes de
tendresse baignent ses joues colorées par l'amour virginal.
Immobile dans le recueillement, il est dans l'extase de la
foi, de la volupté divine !

Sa famille, attendrie et agenouillée auprès du jeune
convive de Dieu, fut sans doute le seul témoin de cette
scène angélique.

Un enfant qui devient le tabernacle du Dieu qui l'a créé,
fut toujours un spectacle bien émouvant. Mais, dans ces
jours si rapprochés des effrayantes persécutions des Galère,
des Maximien, des Dioclétien, l'Église, sortant à peine des
catacombes, pouvait-elle déployer l'éclat et les pompes
de nos splendides sanctuaires ?

De nos jours, la première communion est un événement.
A son annonce, je ne sais quelle impression religieuse,
une sorte de frayeur tempérée par l'amour, s'empare des
enfants. Ils se purifient par la prière, le repentir et la
confession.

La paroisse en fait une fête, et la religion une solennité.
Elle la publie par la voix joyeuse de ses cloches. Cette
voix ne se perd pas inutile dans les airs. Elle retentit au

fond des cœurs, et porte un doux frémissement au sein de la population impatiente de voir renaître pour elle les plus délicieux sentiments d'autrefois.

Les livrées de l'innocence, la robe blanche, la couronne, le voile des Vierges, les chants pieux, la parole émue du vieux pasteur, les noces de l'Agneau, l'alliance avec Dieu, ce contrat solennel écrit et signé avec le sang de Jésus-Christ, en présence des saints, et déposé par les anges entre les mains de Marie, le concours des voisins, des parents, des amis, la pompe des cérémonies, laissent dans l'âme des émotions dont le souvenir est impérissable : Souvenir puissant, barrière aux passions, remords après la chute, encouragement dans les peines de la vie, et consolation dernière au moment suprême.

La première communion ferme le premier âge. L'enfant s'éveille à la vie. Il entre dans l'adolescence et se présente dans le monde pour en partager les joies et les déceptions, en courir les dangers et les hasards. Il prend place dans la paroisse et rang dans la famille.

Ses besoins changent, et de nouveaux devoirs naissent pour lui. C'est une fleur odorante et vermeille, mais tendre et fragile. Il faut qu'on le garde contre les séductions et les entraînements du monde. C'est la saison où va lever la semence du bon grain jetée dans son âme. Il faut empêcher l'ivraie de s'y mêler.

Il connaît déjà le chemin où Dieu l'appelle ; cependant, pères et mères, ne l'abandonnez pas aux hasards des circonstances, aux caprices du sort. Est-ce lui qui pensera à son avenir ? Quand il le pourra, peut-être serait-il trop tard. Épargnez-lui, par votre sollicitude, la responsabilité d'une vie oisive, les angoisses d'une conduite misérable, le regret d'un présent manqué ou d'un avenir perdu.

Faites-lui sa place dans le monde, et faites-la lui selon sa taille. Combien ne savent quoi devenir, par manque de direction, ou vont de travers, pour s'être engagés dans de fausses voies! C'est l'histoire des fainéants, des ruinés et des vagabonds de haut et de bas étage.

La jeunesse est le beau temps de la vie; mais c'est l'âge le plus dangereux à cause des passions qui l'agitent, des illusions qui l'abusent et des séductions qui la corrompent. Entraînée par un monde frivole, elle aspire avidement au bonheur; mais le chercher en dehors de la sagesse, c'est poursuivre une ombre, un fantôme. Le désir effréné du plaisir la pousse aux abîmes, car il la conduit au jeu, à la danse, aux orgies du cabaret.

Le jeu est un délassement. Il est permis. Il ne l'est plus, s'il devient passion. La danse est aussi un jeu, mais un jeu terrible. S'il n'est pas toujours criminel, il n'est jamais sans danger. Qui pourrait croire à la vertu d'une danseuse? La fille de Jacob voulut danser avec les Sichimites, elle revint déshonorée.

Le cabaret est l'école de l'immoralité et de la fainéantise, la ruine des familles. C'est là que l'impiété a ses chauds prédicateurs, que la débauche rassemble ses hérauts, et que le libertinage forme ses adeptes. C'est une sentine de vices. Le jeune homme qui le fréquente sera la croix et la honte de ses parents.

Jeunesse libertine, vous ne pouvez être heureuse. La coupe du plaisir à laquelle vous portez vos lèvres fiévreuses, se remplit d'une amertume qui irrite vos désirs et ne saurait les satisfaire.

La jeunesse est aussi l'âge le plus précieux. C'est le printemps. La plante se développe, grandit, devient un arbre et promet de bons fruits. L'intelligence s'illumine aux rayons de la science et de la foi. Le cœur s'ouvre à toutes les impressions généreuses, aux saintes habitudes.

On se dispose à l'accomplissement des nombreux devoirs imposés à l'âge mûr, où, lancé à toute vitesse sur le chemin de la vie, l'homme n'a plus qu'un moment pour recevoir de la main de son Dieu la couronne de la vertu.

CHAPITRE VII

SAINT ÉLOPHE SE REND AUX ÉCOLES PUBLIQUES. — DANGERS POUR L'ESPRIT ET POUR LE CŒUR, SI ELLES NE SONT PAS CHRÉTIENNES. — CRIME DES PARENTS QUI Y EXPOSENT LEURS ENFANTS. — ÉCOLES ÉPISCOPALES. — ZÈLE DE L'ÉGLISE POUR L'INSTRUCTION.

L'enfance de saint Élophe s'était écoulée, au sein de sa famille, comme celle d'un ange, lorsqu'arriva le jour où il fallut s'arracher à la tendresse de ses parents, et renoncer pour toujours aux joies intimes du foyer domestique, pour suivre un cours d'études aux écoles publiques.

La religion ne brise pas les liens de la nature. Elle les rend plus doux et plus forts en les bénissant.

Aussi, combien fut pénible cette séparation ! Bacchius serrait dans ses bras son cher enfant, et le pressait sur son cœur. Lientrude le couvrait de ses baisers, tandis que ses petites sœurs l'arrosaient de leurs larmes, au milieu de leurs douces caresses. Dieu le veut et ces pieux chrétiens n'ont garde, par une égoïste tendresse, de s'opposer à ses desseins.

Allez, pauvre petit ! Ne pleurez pas le long du chemin, vos parents vous bénissent ! Allez, délicieux enfant, puiser la science à des sources pures, et formez-vous à cette virilité d'esprit et de cœur, si nécessaire à la mission d'un héros. Bon courage ! De rudes combats vous sont réservés dans l'Église de Dieu !

Au sein des familles où le Seigneur est aimé, l'enfant s'ouvre à la vertu. Mais, au dehors, une intéressante jeunesse va trop souvent se flétrir au contact d'un souffle meurtrier, et l'on voit mourir dans son cœur les plus beaux sentiments, desséchés sous le feu des passions mauvaises.

Au temps des études, le séjour des villes offre à un âge sans expérience des écueils où se brise l'innocence. D'imprudentes amitiés, des liaisons dangereuses, des sciences toutes profanes, des exemples funestes, des maximes désastreuses, détruisent le germe inestimable de la religion et des beaux talents.

Les écoles publiques favorisent les progrès par l'émulation, et, par la vie commune, forment le caractère. Mais si elles ne sont soumises à l'influence chrétienne, elles sont bien pernicieuses.

Par leur indifférence doctrinale, elles ne peuvent qu'affaiblir l'amour de la vérité. A l'âge où les convictions sérieuses se forment dans les âmes des jeunes gens, elles ne leur offrent que des opinions contradictoires, maintenues avec une égale autorité par des hommes auxquels ils doivent un même respect. Comment pourraient-elles imprimer aux intelligences cet élan vers le vrai, si nécessaire pour y parvenir ?

Les élèves ont constamment sous les yeux des maîtres investis de la mission de les instruire, distingués par leurs talents, qui ne croient à rien de ce que l'Église enseigne comme indispensable au salut. Croiront-ils longtemps en face de ce persistant mépris ?

La religion catholique donne ses dogmes, comme la base de sa morale. Si les uns sont effacés de l'esprit des enfants, l'autre pourra-t-elle se conserver dans leur cœur ?

Aussi, combien est grand le nombre des malheureux, auxquels ces fatales écoles ravissent toutes croyances chrétiennes, toutes pratiques religieuses. A peine y sont-ils entrés, qu'ils perdent tout sentiment de piété. Un seul, peut-être, arrivera aux termes de ses études sans avoir perdu la foi. Encore n'osera-t-il, dans le lieu saint, pour prier, ouvrir son livre de prières. Un simple signe de croix sera pour lui un acte de courage !

C'est ce qu'affirme le P. Lacordaire dans son fameux mémoire sur l'enseignement universitaire. « Nos efforts, s'écrie-t-il avec une indicible amertume, sont inutiles. Nous perdons toute influence religieuse sur nos enfants. Nous sentons périr sur nos lèvres, en leur parlant, la sainte hardiesse de la foi, parce que la religion n'y est qu'accessoire.» Quel aumônier, cependant, pouvait obtenir quelques succès mieux que cet homme à l'esprit si vif, à l'imagination si belle, au cœur si chaud, et toujours tant aimé des jeunes gens !

L'instruction jette un certain éclat, et permet au talent de recueillir, avec des applaudissements flatteurs, des avantages plus substantiels. Aussi on trouve sans peine des professeurs habiles, industrieux.

Mais si l'instruction est si utile, l'éducation a une bien autre importance. Elle forme l'homme moral. C'est une sorte d'enfantement qui, comme tout enfantement, exige deux amours : l'amour paternel et l'amour maternel ; deux forces qui s'aident : l'autorité d'un père et la tendresse d'une mère.

Si les parents, qui sont les premiers dépositaires de ce double trésor, ne peuvent remplir eux-mêmes la grande œuvre pour laquelle il leur a été confié, en se donnant tout entiers à l'éducation de leurs enfants, c'est pour eux un strict et très rigoureux devoir de ne déléguer cette grave et délicate fonction qu'à des hommes en qui leurs enfants retrouveront toute l'autorité et toute la tendresse que Dieu a déposées dans leur propre cœur.

Un enseignement sans conviction n'a pas d'autorité, et un enseignement césarien, administratif, ne peut avoir de tendresse. Il manque donc des deux conditions indispensables pour une bonne éducation.

Pénétrer dans le plus intime des jeunes âmes pour y étouffer les convoitises mauvaises, et donner aux inclinations généreuses leur vraie direction, exige l'autorité d'une mission émanée d'en haut. Les fonctions les plus importantes de l'éducation, comme celles de la maternité, sont aussi les moins attrayantes pour la nature. L'intérêt ne saurait ici remplacer le dévouement.

L'éducation est confiée, non au professeur qui arrive à heure fixe, et part, sa leçon donnée ; mais au surveillant qui est toujours avec les élèves, les suit partout pour connaître leur naturel, saisir l'expression de leurs sentiments, gagner leur amitié, et exercer sur eux l'influence de la persuasion.

Dans les établissements chrétiens, un bon surveillant est considéré comme un trésor, et il n'est pas moins honoré que le plus brillant professeur.

Dans les autres, ses fonctions ne sont pas moins importantes, mais elles sont remplies par les fonctionnaires du grade le plus infime, par des débutants sans expérience. Aussi, peu considérés des élèves, ne songent-ils pas à prendre sur eux la moindre autorité. Trop heureux, s'ils ne sont pas l'objet de leurs mépris et de leur hostilité.

Des surveillants et des professeurs, pour qui l'enseignement est une carrière et non un apostolat, ne peuvent se considérer comme les pères de leurs élèves, et, à ce titre, avoir leur intime confiance, parce qu'ils n'en ont ni l'autorité ni la tendresse. Ceux-ci, transplantés sur un terrain si différent des douces influences de la famille, s'étiolent, se déforment et périssent misérablement.

Le jeune Élophe eut le bonheur d'échapper à cette calamité. Ses heureux parents purent sans inquiétude le confier à une école où l'attendait, pour l'instruire et l'élever, un ami vertueux, un guide sûr et éclairé, Euchaire, son propre frère, qui dirigeait alors l'école épiscopale de Toul.

L'irlandais Mansuy vint à Rome, y reçut la consécration épiscopale, et fut envoyé dans nos contrées pour y annoncer l'Évangile. Il y apporta la lumière de la foi vers le milieu du quatrième siècle. Il fut toujours reconnu et honoré comme l'apôtre et le premier évêque de Toul.

La cité des Leuquois, placée sur la grande route de Trèves, était trop importante pour n'avoir pas reçu la foi, qui, dès les premiers siècles, avait été apportée chez les nations de la Gaule. Elle comptait déjà un grand nombre de Chrétiens, lorsque saint Mansuy confia au frère de saint Élophe le soin d'instruire les jeunes enfants.

Avant le règne de Constantin, dès que la croix plantée en quelque lieu nouveau, par la main courageuse d'un messager du Christ, avait groupé autour d'elle quelques adorateurs, un évêque était institué pour gouverner avec d'autres prêtres le troupeau naissant. Dès lors, malgré les agitations continuelles de ces temps orageux, cette communauté avait son école.

Il s'est trouvé des hommes qui ne sont pas dénués de science, qui affirment néanmoins, avec un imperturbable sang-froid, que l'Église, n'aimant pas l'instruction, n'a pas su la donner et ne l'a jamais distribuée que d'une main avare. C'est l'erreur la plus étrange. Il n'est pas un fait historique plus solidement établi, mieux attesté par les annales des peuples, que la sollicitude infatigable de l'Église, pour enseigner, aux pauvres comme aux riches, non-seulement les vérités essentielles au salut, mais encore les connaissances purement humaines. Aux yeux de l'Église, l'ignorance est un mal. Elle considère comme une de ses plus graves obligations le devoir d'instruire toutes les classes sociales, surtout les classes populaires.

Aussi partout où elle a élevé un temple, elle a bâti une école, et, au dire des anciens, souvent ses institutions ont lutté avec gloire avec les plus illustres écoles appuyées sur le sceptre des empereurs.

CHAPITRE VIII

Saint Élophe aux études. — Sa conduite. — Ses
succès. — Son influence. — Vigilance de Bacchius.
— Amour de saint Élophe pour la chasteté, la
pénitence, la prière. — Sa vocation au sacerdoce.

Ce fut à l'école épiscopale de Toul, sous la direction
de saint Euchaire, déjà célèbre dans l'Église de Dieu, que
Bacchius confia son fils. Euchaire était d'une éminente
sainteté, et la jeunesse trouvait en lui un tableau vivant des
vertus chrétiennes. Elle se formait, entre ses mains, aux
bonnes mœurs en même temps qu'aux belles lettres.

Sous les leçons de ce maître bien-aimé le jeune Élophe,
dont les dispositions étaient heureuses, fit de rapides
progrès. Il écoutait avec une attention avide tous les
enseignements. Son esprit vif les saisissait promptement,
et son excellente mémoire les retenait avec fidélité. Il était
laborieux, et si économe de son temps qu'il craignait
d'en perdre la moindre parcelle.

Son âme calme et pure, exempte des passions mauvaises, offrait un libre accès à l'Esprit-Saint, source de
sagesse et de science. Il eut bientôt vaincu les premières
difficultés, cause de tant de larmes et d'ennuis pour les
autres, parce qu'il savait tempérer l'aridité de ses études
par de ferventes prières. Résultat mérité de ses talents
et de son travail, il obtint toujours les premières places

parmi ses condisciples, dont il faisait l'admiration, comme il était l'amour de ses maîtres.

Sans rien d'affecté, sa tenue était pleine de dignité et de décence. Ses habits étaient propres et bien agencés, et ses cheveux, en ordre sans ombre de recherche. Sa démarche était noble et gracieuse. On admirait cet enfant si modeste et si pieux. Il suffisait de le voir, pour se sentir porté à devenir meilleur.

L'éclat de sa vertu forçait à recevoir ses leçons, tant il les embellissait par les charmes de sa charité. Il n'était aucun de ses condisciples qu'il n'aimât de toute son âme, et auquel il ne cherchât à faire plaisir, même aux dépens de ses propres jouissances. Si l'un d'eux venait à s'oublier, par un mensonge ou une parole peu convenable, il le reprenait avec une douce gravité, et le priait affectueusement de veiller sur ses discours.

Non content de les empêcher de faire le mal, il les portait au bien par ses paroles comme par ses exemples, avec une discrétion si aimable, que tous se plaisaient dans sa conversation, et que plusieurs ont pu dire, dans la suite, qu'ils lui devaient, après Dieu, leur sagesse et leur vertu.

Bacchius, quoique parfaitement tranquille sur l'innocence de son fils confiée à la garde d'un frère si vertueux, ne laissait pas que d'en demander de fréquentes nouvelles. Sachant que rien ne remplace les avis et l'œil d'un père, il allait lui-même à Toul. Il examinait sa conduite, constatait ses progrès, ses bons sentiments, et lui donnait de sages conseils. Quelquefois il le ramenait à Soulosse pour satisfaire la tendresse de sa mère et de ses sœurs. Il l'y gardait quelques jours, afin de récompenser ses succès, et de raviver son ardeur pour le bien au foyer des exhortations maternelles.

C'est ainsi qu'Élophe employa les premières années de ses études. Imitant la sainte jeunesse de l'évêque de Césarée, il fuyait les fêtes du monde. Il trouvait dans la douce compagnie de son frère ses plus chères délices. Il ne connaissait d'autre chemin que celui de l'école, et celui de la maison de Dieu.

Il avait pour la chasteté cet attrait prédominant qui caractérise les vocations sacerdotales. Les charmes de cette vertu ravissaient son jeune cœur. Il se plaisait à en développer l'excellence. Ses paroles prenaient alors un accent si suave et si plein de grâce, qu'on sentait que l'esprit de Dieu l'inspirait et parlait par sa bouche.

Prosterné aux pieds de Marie, il aimait à lui redire sa résolution de conserver sa virginité jusqu'à la mort. Il la priait, avec larmes, d'en être elle-même la fidèle gardienne. Aussi, malgré les périls d'un monde dominé encore par le vieil esprit païen, il sut en conserver toute la fraîcheur et tout l'éclat.

Il réduisait son corps en servitude par les rigueurs de la pénitence, et accomplissait, dans ses membres innocents, ce qui manque à la passion du Sauveur. Ennemi des aises et de la mollesse, à l'âge qui recherche si ardemment les plaisirs, il se livrait à de rudes macérations.

Il donnait à la prière le plus de temps possible. Il aurait voulu passer les journées entières devant les autels. La contemplation des choses célestes était sa plus douce occupation.

Quand il eut terminé ses études préliminaires, il s'appliqua à la connaissance des Saintes Écritures et des écrits apostoliques. Ces sciences nouvelles convenaient mieux à son âme toute brûlante de l'amour divin. Il s'y livra avec ardeur, et y apporta, non pas une vaine curiosité qui dessèche, mais un esprit de sagesse qui purifie le cœur et l'élève, à mesure que l'intelligence les approfondit.

Élophe avait grandi en science, en sagesse, en vertu. L'Église avait vu avec bonheur se développer, dans ce jeune homme, les dons du ciel. Attentive à ses progrès, elle résolut de l'appeler dans les rangs de ses ministres. Cet appel le fit trembler. Les saints ont toujours frissonné, à l'aspect du sanctuaire. Il jeta ses regards vers le Seigneur, et lui offrit ses plus ferventes prières pour en recevoir les lumières qui devaient fixer son incertitude.

CHAPITRE IX

SAINT ÉLOPHE CONSIDÈRE LE SACERDOCE, SI ÉLEVÉ PAR SES POUVOIRS, SI GRAND PAR SES BIENFAITS. — IL CÈDE A L'APPEL DE L'ÉGLISE. — MÉPRIS DES OFFRES DU MONDE. — SON ORDINATION. — FÊTES DE FAMILLE.

Loin du bruit de la ville, dans sa chère solitude, qui, plus tard, servit d'asile aux savants disciples de saint Benoît, sous le nom d'abbaye de Saint-Mansuy, Élophe, au flambeau de la foi, mesure toute l'étendue, sonde la profondeur, et contemple la sublimité de l'angélique mais redoutable vocation au sacerdoce, toujours, mais surtout alors, si pleine de dangers.

Le prêtre, en effet, est un homme que Dieu substitue à sa place, et à qui il donne tout pouvoir, au ciel et sur la terre. Qui pourrait dire sa grandeur, sa dignité? Quand il lui plaît, il ouvre les portes du ciel, et s'adressant au Fils de l'Éternel, au monarque du monde, il lui dit : descendez, et le Verbe de Dieu quitte à l'instant le séjour de sa gloire, et s'incarne entre les mains de cet homme, plus puissant que les anges, plus puissant que l'auguste Marie! Il lui dit : vous êtes mon fils, aujourd'hui je vous ai engendré, vous êtes ma victime; et le Christ se laisse immoler, placer où il veut et donner à qui bon lui semble !

Un misérable est tombé dans les liens du démon! Qui pourra l'en retirer? Saint Michel, l'invincible chef de la céleste milice, vainqueur de Satan et de ses légions révoltées, pourra bien chasser les esprits de ténèbres qui assiègent cet infortuné, mais celui qui est dans son cœur, jamais! Marie, Mère de Dieu, la terreur des enfers, priera pour cette âme, mais elle ne saurait l'absoudre d'une faute, si petite qu'elle soit. Le prêtre le peut! Dans l'absolution, il porte la sentence. Dieu ne fait qu'y souscrire. Quel étrange pouvoir! Est-il une dignité plus haute?

Le Fils de Dieu dit à ses ministres : celui qui vous écoute m'écoute; celui qui vous méprise me méprise. Il dit à toutes les nations : gardez-vous de toucher à mes christs, ce serait me toucher à la prunelle de l'œil. Le grand Constantin, maître du monde, au concile de Nicée ne veut que la dernière place, après les prêtres. Qui peut s'en étonner? Ce qui surprend, c'est de voir des hommes, et même des enfants, qui méprisent et qui insultent le prêtre.

Le prêtre est le bienfaiteur de l'humanité, par la prière, l'instruction et la charité.

La terre coupable envoie, jour et nuit, vers le ciel, des milliers de crimes, qui vont solliciter les vengeances de Dieu ; comme au jour de la tempête, la foudre éclaterait à chaque instant sur la tête des coupables, si le prêtre, par la prière et le sang de la grande Victime, ne l'éteignait dans les mains du Tout-Puissant.

Le monde est un vaste désert. Une nuit profonde y règne. Mille routes se croisent, égarent le voyageur et conduisent à l'abîme. L'homme est obligé de parcourir ce dangereux pays de la vie. Sera-t-il perdu infailliblement ? Non, le prêtre est là. Guide fidèle, il le prend par la main, lui montre la route, marche avec lui, et ne le quitte qu'après l'avoir mis en sûreté. C'est le prêtre qui a tiré le monde de la barbarie ; c'est le prêtre qui l'empêche d'y retomber. Au prix de son sang, de sa vie, il civilise de nos jours les nations sauvages, comme il nous a civilisés nous-mêmes.

Voyez les villes et les campagnes, demandez quel fut le fondateur, le soutien de toutes les institutions réellement utiles à l'humanité ? Qui donne du pain au pauvre de la chaumière ; qui console le malade que tout le monde abandonne ; qui va dans les bagnes alléger les liens du forçat ; qui donne l'espérance au criminel mourant sur l'échafaud ? N'est-ce pas le prêtre ? Voyez toutes les misères spirituelles et corporelles qui tourmentent la pauvre humanité, vous n'en trouverez pas une seule que le prêtre n'adoucisse, tous les jours, sans faste, sans ostentation et sans aucune espérance humaine.

On doit aimer ses ennemis, et l'on n'aime pas le prêtre,
l'ami dévoué des hommes ! On le hait, il est l'objet de
moqueries sacriléges, et de haines impies. Il ne s'en plaint
pas. Le disciple, dit-il, n'est pas au-dessus du Maître.
Sa bouche ne s'ouvre que pour pardonner, comme son
bras ne se lève que pour bénir.

Ces grandes considérations sur le sacerdoce jetaient le
jeune Élophe dans de formidables terreurs. Son âme généreuse, qui aspirait au sacrifice d'elle-même, son grand
cœur, qui brûlait de s'unir par des liens intimes à son
Rédempteur, pour le salut des hommes, l'engageaient à
se rendre à la voix de l'Église, qui retentissait à son
oreille comme la voix de Dieu.

Sa science, ses éclatantes vertus, la sainteté de sa vie,
en faisaient un vase d'élection, et le rendaient bien digne
du sacerdoce. Mais sa profonde humilité, qui voilait à
ses yeux ces rares mérites, lui faisait craindre une dignité redoutable aux anges mêmes. Enfin, il met sa
confiance dans la grâce du Sauveur, et accepte le joug
royal, avec une religieuse intrépidité.

Ce fut en vain que le monde, pour le détourner de
cette sublime carrière, lui présenta l'image de tout ce qui
peut arrêter une âme vulgaire : l'éclat d'un nom, le prestige des honneurs, les agréments de la vie. Élophe sut
résister à toutes les séductions avec la générosité d'un
martyr. Il préféra le bonheur d'avoir Dieu seul, comme
héritage, aux délices et aux trompeurs plaisirs de la vie.
Ces victoires remportées sur lui-même et sur le siècle,
furent comme les heureux essais de plus grands triomphes.

De solennels engagements ouvrirent à saint Élophe

les portes du sanctuaire. Le Prélat qui reçut ses serments, fut peut-être le grand apôtre de Toul ; peut-être, un vénérable confesseur de la foi, échappé au glaive des tyrans. Ne serait-ce pas plutôt le tendre ami de son enfance, celui qui dirigea ses études et forma sa jeunesse à la vertu, Euchaire, devenu évêque de Grand, qui lui imposa les mains, et grava dans son âme le caractère sacré du sacerdoce ?

Que ce moment fut solennel ! Combien fut touchant, aux yeux des fidèles, le spectacle de son ordination ! Le noble Bacchius fait à Dieu, son seigneur et maître, le sacrifice de son nom. Lientrude le remercie de ce qu'une seconde fois, il daigne choisir sa part dans sa maison, et leurs jeunes filles envient les rayons de bonheur qui brillent au front de leur cher et bien-aimé frère. Tous, avec des larmes de tendresse, bénissent le Seigneur.

Il était bien juste, après des scènes si émouvantes, que le jeune lévite revînt à Soulosse, passer quelques jours avec ses parents, pour se délasser de ses graves occupations, se reposer de ses fatigues, et principalement prendre part à leur joie et se réjouir avec eux.

La religion, loin de défendre à la famille les plaisirs innocents, aime, au contraire, à la voir livrée à d'honnêtes réjouissances, dans la pensée que les fêtes de l'exil lui rappelleront celles de la patrie, qu'elle sera plus reconnaissante à Dieu de ses bienfaits, plus forte et plus soumise dans les épreuves.

Ces petites fêtes entretiennent l'affection et nourrissent la bonne intelligence. La Sainte Écriture remarque avec complaisance que les enfants de Job se réunissaient pour se fêter mutuellement. Au festin qui se donna chez

Raguel, lors du mariage de sa fille, le saint nom de Dieu fut invoqué et béni; l'ange Raphaël fut invité et toute la parenté y fut présente. Le bon Maître, qui ne prit jamais part aux fêtes mondaines, ne daigna-t-il pas assister, avec son auguste Mère, aux noces de Cana?

Il fait si bon se réjouir ensemble! Frères, parents, amis, fêtez-vous, en ces belles solennités où l'Église entonne ses chants joyeux, étale les magnificences de son culte; dans les circonstances de baptême, de première communion, de fin de travaux. Fêtez le saint patron, l'arrivée d'un parent, la bien-venue d'un ami! Mais que ces fêtes de famille ne soient pas des jours de bonne chère, des soirées scandaleuses, des nuits de débauches, où la morale soit outragée et le Seigneur insulté.

Ils sont bien loin de nous, hélas! ces temps où la famille, simple, craignant Dieu, et contente de peu, se groupait joyeuse autour du foyer et y trouvait le bonheur.

Maintenant elle s'agite, calcule et s'ennuie. Quand il lui prend envie de se réjouir, elle court au jeu, au spectacle, au cabaret, dans les soirées mondaines. Il lui faut des émotions violentes et des plaisirs passionnés.

CHAPITRE X

Saint Élophe dans sa famille. — Ses conseils salutaires. — Amour et charme de la solitude. —
Toul. — Saint Mansuy charge saint Élophe du
ministère de la parole.

Ce fut au milieu des joies de sa famille, que saint
Élophe put offrir à Dieu les prémices de son apostolat. Il
était impatient de communiquer les flammes qui embra-
saient son cœur, et le rendaient si heureux. Ce fut sur les
siens qu'il épancha les premières ferveurs de son sacerdoce.
Ses pieux entretiens, ses douces et suaves exhortations
faisaient leurs délices. Avec un zèle aussi tendre qu'assidu,
relevé encore par la sainteté de sa vie, il dirigea vers
la plus sublime perfection ces âmes qui lui étaient si
chères.

Ses jeunes sœurs, sous la conduite et dans la compagnie
de leur mère, étaient cultivées comme de belles fleurs
dans le jardin du céleste époux, qui ne se plait que parmi
les lys. Elles marchaient avec modestie et piété dans la
crainte du Seigneur, vivant de la vie des anges.

Cependant, comme la vertu la plus affermie n'est
jamais sans danger de faire naufrage, il s'effraya à la vue
des écueils où elle pouvait échouer. Il résolut de les placer
sous la sauve-garde de Jésus-Christ, en les unissant à lui,
par ce lien sacré qui transforme l'âme, par la chasteté,

l'obéissance, le sacrifice et l'humilité ; la retrempe dans une telle vertu, que le prodige de la perfection évangélique devient son aliment de chaque jour.

Le saint jeune homme fit à ces âmes d'élite le tableau de la virginité, en retraça les célestes attraits et les sublimes prérogatives. Il leur exposa le mérite de l'obéissance, le prix et la nécessité de la pénitence, et les charmes de la solitude ; la vanité des gloires d'un monde orgueilleux et perfide ; l'inconstance des richesses, que peut ronger la rouille, et le dégoût des plaisirs fugitifs, qui ne laissent qu'amertume et regret.

Le Seigneur bénit les paroles de saint Élophe. Elles pénètrent comme des traits de feu dans le cœur de ces vertueuses enfants. Dociles à ses avis, ces vierges prudentes se consacrent à Dieu, et bientôt se dispersent dans diverses solitudes, pour s'unir parfaitement à leur divin époux.

Les austérités de la pénitence, les œuvres de miséricorde, les douceurs de la contemplation fournirent à ces pures colombes, cette paix qui surpasse tout sentiment, et qui fut la récompense de leur sacrifice.

Il existe au fond de la nature humaine une tendance vers la retraite. La solitude a toujours eu des charmes pour les saints. Le commerce du Seigneur y est plus doux, ses communications y sont plus intimes. L'âme y médite les œuvres du Tout-Puissant. Saisie des perfections divines qu'elle voit inscrites sur la terre et dans les cieux, elle s'abandonne à la reconnaissance, à l'amour, et aspire au bonheur du ciel.

Aussi la vie solitaire remonte-t-elle aux premiers âges du christianisme. Près du berceau du Rédempteur, ou dans les régions les plus incultes de la Thébaïde, hantées aujourd'hui par les bédouins et les chacals, de pieux chrétiens, fuyant le monde et le glaive des persécuteurs, plantèrent leur tente.

Quelques branches d'arbre, une grotte sauvage, l'eau du torrent, le fruit du palmier suffisaient à ces ardents disciples d'un Dieu crucifié. A l'imitation de Jésus-Christ, ils s'immolaient pour un monde vermoulu, qui s'écroulait sous le poids de ses crimes.

Qu'il est ravissant le tableau de cette vie qui n'est plus la nôtre ! Qu'il est beau de voir, dans le lointain des temps, cette foule d'êtres angéliques, comme les filles de Lientrude, s'enfonçant dans les déserts, se cachant au fond d'un torrent à sec, ou gravissant le pic d'un rocher, pour faire retentir les airs des cantiques de la Bible, adorer la Majesté divine et prier pour le pécheur !

Les voilà, sur le soir, arrachant quelques racines pour sustenter leur pauvre corps. Leurs cheveux ont blanchi dans les labeurs de la pénitence. Leurs habits sont usés. Sans inquiétude pour l'avenir, la tristesse ne voile jamais leurs yeux purs et limpides. Le sourire est sur leurs lèvres. La mort approche, ils la saluent gaiement comme une amie. Ils se visitent pour s'encourager. Les vieillards instruisent et guident les jeunes, et ceux-ci portent les secours de leur charité à leurs pères. Dieu règne, Jésus-Christ triomphe, et la chair est vaincue.

Après avoir accompli son ministère de tendresse filiale et de charité fraternelle, saint Élophe donna à sa noble famille le témoignage de sa reconnaissance et de son amour, reprit le chemin de Toul, et vint se mettre à la disposition de son Évêque.

La capitale des Leuquois, arrosée des eaux limpides de la Moselle, environnée de belles campagnes, de fertiles pâturages, de riants coteaux de vignes, fière de ses antiques monuments et de ses fortes murailles, étalait le luxe de son opulence et la richesse de ses palais. Mais d'infâmes simulacres la souillaient encore, et la montraient livrée aux ignominies du paganisme.

Saint Mansuy, par ses prières, son ardente prédication, la force de ses miracles, avait pu vaincre ses préventions et ses dédains, et gagner à Jésus-Christ beaucoup de ses habitants. Malgré des commencements si heureux, il avait la douleur de voir toujours soumise à l'empire des ténèbres, surtout dans les campagnes, une grande portion de son héritage.

L'arrivée de saint Élophe fut, aux yeux de l'Apôtre, un grand bienfait du Seigneur ; ses éminentes vertus, son zèle éclairé, son dévouement à la perfection cléricale, le firent considérer comme suscité par le ciel pour achever son œuvre, étendre et affermir le règne de Dieu.

En effet, la ville épiscopale ne fut pas un théâtre assez vaste pour Élophe, chargé d'annoncer la bonne nouvelle. Il élargit le champ de sa mission. Il se répandit dans les campagnes, parcourant les bourgades et les hameaux, éclairant les esprits, dissipant l'erreur, apprenant à tous à aimer Dieu et à renoncer aux turpitudes païennes pour suivre la lumière de l'Évangile.

Il fut le fléau des hérétiques et la terreur des démons. A sa parole brûlante, les enfants égarés revenaient au sein de l'Église, les infidèles recevaient la grâce, les idoles étaient renversées, et la pierre sacrilége, où le druide avait fait couler le sang humain, faisait place à l'autel où Jésus-Christ s'immole pour le salut du monde.

CHAPITRE XI

Élophe est élu Archidiacre de Toul. — L'Archidiacre au IVe siècle. — Il en remplit tous les devoirs. — Obstacles a son zèle. — Ses succès.

Des succès si prodigieux, de si éclatants mérites étendirent au loin la bonne odeur de sa sainteté, et l'élevèrent à l'insigne honneur de l'Archidiaconat de l'Église de Toul. L'histoire, la tradition, la peinture nous le représentent avec les ornements de cette dignité. Ce ne fut pas à sa noblesse, ni à sa fortune qu'il dut cette grande élévation. S'il fut un flambeau sur le chandelier de l'Église, c'est parce qu'il fut un modèle achevé de toutes les vertus. Personne ne saurait douter de la perfection avec laquelle il accomplit tous les devoirs attachés à cette charge si importante.

Cet office remonte aux Apôtres. Saint Étienne était Archidiacre. Une de ses fonctions est de gouverner les clercs inférieurs, de diriger et de déterminer leurs divers emplois dans l'église.

Chargé du temporel, l'Archidiacre veille à l'entretien de la basilique et de ses ornements, à la conservation des archives. Il prend soin des pauvres, de la veuve, de l'orphelin et du prisonnier.

Directeur de la prière publique, il règle l'office divin, indique les fêtes et les jeûnes solennels. Il assiste le Pontife au saint sacrifice, et l'aide dans ses sublimes fonctions.

Il est le ministre de l'Évêque dans l'administration de son diocèse. Il y prend une grande part. Il est l'œil constamment ouvert.

Dans les promotions, il examine les ordinands, surveille leur instruction, les instruit lui-même et les présente à l'Évêque. Après l'ordination, sa vigilance les suit encore et les oblige à ne pas ignorer les devoirs nouveaux qui leur sont imposés.

En tout temps, il aide le Prélat à porter le poids de sa charge pastorale, en l'informant de l'état du troupeau qui lui est confié. Il recherche la situation des églises, du clergé et des fidèles, le tient au courant de tous les besoins et des dangers de la foi et des mœurs. S'il découvre quelque chose, il en avertit l'Évêque. Il dénonce le pécheur public, et l'hérésie naissante. Il fulmine l'excommunication.

Cet office empruntait encore un plus vif éclat à l'Église où il s'exerçait. Ainsi l'Archidiacre métropolitain ou patriarcal étendait son pouvoir sur toute la province.

Les Archidiacres des grands siéges ont toujours joué un grand rôle dans l'Église. Personne n'ignore ce que fit saint Athanase, archidiacre d'Alexandrie, contre les Ariens; ce que fit, contre les Eutychiens, Aétius, archidiacre de Constantinople. L'importance de leur charge y appelait les plus grands mérites. Le plus souvent, on les vit ne l'abandonner que pour succéder aux illustres Prélats dont ils avaient suivi l'administration.

Dans les conciles, l'archidiacre était le promoteur. Tout se faisait à sa demande. Il veillait à l'ordre extérieur, au secret, à la sûreté des délibérations. Enfin il proclamait les décisions et les faisait connaître aux absents.

Les Églises, petites à leur berceau, grandissaient rapidement. Les affaires croissaient avec le nombre des Chrétiens. Les hérésies naissantes, les conciles plus fréquents, les soins de la cité, sa défense, la conservation de ses monuments, les malheurs publics à éloigner, les empereurs, les barbares eux-mêmes à intéresser, le flot de l'invasion à refouler, tout formait, pour l'Évêque, un fardeau immense de sollicitudes qui l'arrachait à la garde de son troupeau. Mais il trouvait un auxiliaire généreux dans son archidiacre, qu'il appelait à partager sa vigilance pastorale.

L'Archidiacre devait alors multiplier ses visites, étendre sa surveillance à tout le diocèse. Armé de toute la puissance de l'Évêque, défenseur des libertés de l'Église, de la cause de l'opprimé, il relevait encore l'éclat de la dignité par le mérite et la science de la personne. C'était dans la charge laborieuse de l'archidiaconat que se formaient ces admirables évêques des temps barbares, qui sauvèrent tout ce qui pouvait être sauvé et posèrent les fondements de la société moderne.

Exposer les droits et les devoirs de l'archidiacre, au IVᵉ siècle, c'est bien redire la vie de saint Élophe pendant qu'il fut revêtu de cette dignité.

Uni à son Évêque par les liens de la plus tendre charité, il partagea toujours avec affection les soins de son ministère. Il fut l'ami dévoué, le soutien et le parfait modèle de son clergé. Animé d'un désir immense de sauver les ouailles confiées à sa tendresse, aucun sacrifice ne pouvait arrêter son zèle.

Annoncer la parole divine, ouvrir le canal des grâces, secourir les malheureux, était son occupation privilégiée. La prière, la patience, la mortification étaient les armes de son apostolat. D'une douceur inaltérable envers le pécheur humilié, il devenait terrible comme un prophète contre le méchant oppresseur ou libertin. Le pied du boiteux, l'œil de l'aveugle, le père des infortunés, il se faisait tout à tous, pour les amener tous à l'amour de Jésus-Christ.

Ses courses édifiantes, ses actions héroïques, les nombreux miracles par lesquels le Seigneur glorifia sa mission apostolique, se sont perdus, hélas! à travers les âges. Mais la tradition n'a pas laissé oublier que partout, sous ses pas, naissaient les bénédictions et les vertus qui font à la fois les délices de Dieu et le bonheur des hommes.

Avant la conquête des Romains, le culte des Druides régnait dans les Gaules. On y consultait le chêne sacré. Le gui sauvage y était recueilli avec respect. Outre les petits dieux propres à chaque pays, la nation avait ses grandes divinités. Les forêts furent souvent témoins d'affreux sacrifices. On frémit d'horreur au souvenir de cette effroyable statue d'osier, remplie de jeunes enfants, qui disparaissait dans les flammes en l'honneur de Teutatès, tandis que des parents dénaturés l'entouraient, en chantant, d'une ronde infernale.

Le conquérant des Gaules imposa aux vaincus les dieux de Rome, pour mieux les attacher aux destinées de l'empire en les enchaînant aux autels de ses fausses divinités. Ce fut contre le mélange de ces deux religions mensongères que le christianisme eut à lutter et à s'élever sur ces deux grandes ruines. La sève pénétrante de la foi divine s'infiltra peu à peu dans les veines du pays. Mais les préjugés des religions druidique et romaine avaient de profondes racines chez les Leuquois, et offraient au zèle de saint Élophe de puissants obstacles. Il sut les vaincre.

Le jeune apôtre engage le combat. Il brave la faim, la soif, les fatigues, les poursuites, les tribulations et les mépris pour le triomphe de la vérité. Sa parole gagne les cœurs, les amollit et les subjugue.

Les populations secouent le joug du démon, brûlent leurs divinités et reviennent à Dieu. Elles oublient l'âpreté de leurs mœurs et s'inspirent d'un esprit nouveau, de l'esprit de Jésus-Christ. La gloire des cultes superstitieux s'éclipse et disparaît. Saint Élophe, d'une main ferme, plante enfin la croix du salut au milieu des ruines de l'idolâtrie. La vie remplace la mort; la liberté, l'esclavage, et la douceur, la férocité. Le règne de Jésus-Christ est arrivé pour les Leuquois. Ils l'adorent en esprit et en vérité.

Le saint Archidiacre n'oublia point les hérétiques. Il eut le désir de les ramener à la vraie foi. L'arianisme avait infesté le monde; mais les Églises naissantes des Gaules soutinrent l'orthodoxie avec un courage admirable. Saint Élophe mit toute sa vigilance à préserver ses ouailles de cette funeste erreur.

Les Hilaire de Poitiers, les Martin de Tours, les Paulin de Trèves, ont sauvé la foi dans les Gaules et repoussé énergiquement les ennemis du Verbe fait chair. Moins fameux dans l'histoire que ces grands docteurs, dans une sphère plus étroite, saint Élophe eut lui-même la gloire de défendre la vérité.

Il employa pour convertir les hérétiques des moyens toujours efficaces entre ses mains : une science profonde, une parole pleine de foi. Quand le succès ne répondait pas aux efforts de son zèle, il s'humiliait devant le Seigneur, dans les austérités, les larmes et la prière. Il finissait par se concilier les esprits, et les plus rebelles, touchés de la grâce, rentraient dans le sein de l'Église.

Cependant on touchait à des jours mauvais, l'Église devait encore souffrir de la persécution du glaive !

CHAPITRE XII

TRIOMPHE DE L'ÉGLISE. — JULIEN. — SON ÉDUCATION, SON CARACTÈRE. — IL EST ENVOYÉ DANS LES GAULES. — EMPEREUR, IL PROFESSE HAUTEMENT LE PAGANISME. — IL PERSÉCUTE LES CHRÉTIENS. — PERSÉCUTION LÉGALE.

Une croix brillante s'était dessinée dans les airs aux yeux de Constantin, et lui avait promis la victoire. Deux jours après, Maxence, son rival, se noyait dans le Tibre. Le labarum, du sommet du capitole, annonçait à l'univers le triomphe de l'Évangile. Après trois siècles de la lutte la plus cruelle et la plus sanglante, la société païenne, épuisée par une dernière convulsion de rage, avait appelé à son aide un Dieu jusqu'alors détesté, et confié à l'Église sa civilisation en ruines, ses lois minées par l'anarchie et ses arts corrompus par la volupté.

Le christianisme, par sa jeune et puissante énergie,

allait ranimer, pour longtemps peut-être, dans l'empire romain, le souffle de vie près de s'échapper, et briser le cercle de fer et de feu dont il était enlacé par les peuples barbares, lorsqu'un successeur de Constantin vint détruire l'œuvre du héros, son oncle, repousser les bienfaits de l'Église de Dieu et lui susciter la persécution la plus terrible, la persécution légale, la persécution du mépris et de la violence, le rire et la hache.

Julien, par un édit général, fit rouvrir les temples du paganisme. Il ne vit pas, l'insensé, qu'en relevant de la tombe ce cadavre informe, il ne faisait que l'envelopper dans son manteau impérial, comme dans un linceul, pour lui donner sa dernière sépulture.

Échappé, à cause de la faiblesse de son âge, au massacre de ses frères, Julien fut emmené en Cappadoce, à Macel, magnifique maison royale, où il fut élevé dans les lettres, les sciences et tous les exercices convenables à sa condition. Il se livra à l'étude des Saintes Écritures. Sa piété le fit admettre dans le clergé. Il remplit les fonctions de lecteur dans l'église de Nicomédie. Il professa même quelque temps la vie monastique.

Mais bientôt il montra que ces actes religieux n'étaient que des actes hypocrites, uniquement destinés à tromper l'empereur Constance, le dispensateur de sa fortune; car depuis longtemps il était livré secrètement à toutes les pratiques de l'idolâtrie.

Julien, disciple des philosophes du Portique, vint achever ses études à Athènes, célèbre alors par sa philosophie, son éloquence et ses beaux arts. Saint Basile et saint Grégoire se trouvaient, à la même époque, dans la patrie de Démosthènes. Par sa conduite, il montra à ces grands hommes ce qu'il serait un jour.

Malgré le voile hypocrite dont il cherchait à cacher sa triste apostasie, ils surent en percer le hideux mystère. Quel monstre nourrit l'empire, s'écriait saint Grégoire ! Orgueilleux, dissimulé, turbulent, plein de dangereuses curiosités, superstitieux, adonné aux prestiges de la magie, digne émule de ses maîtres, Eusèbe le fourbe, Eubole le sophiste, et Aétius le charlatan, ce jeune prince fut, en effet, la honte de l'empire et le fléau de l'Église.

L'histoire l'a flétri du nom d'Apostat.

Les Gaules ne pouvaient supporter la domination romaine. Conquise, mais non domptée, cette nation, à plusieurs reprises, par des efforts héroïques, avait essayé de secouer le joug du colosse qui l'écrasait.

Constance veillait sur ce peuple inquiet avec une anxiété d'autant plus grande qu'il apprit qu'au malaise intérieur venait se joindre une invasion de barbares. Pour contenir toutes ces contrées remuantes, il y envoya Julien, avec le titre de César, en 353.

On ne peut refuser à Julien un puissant génie de gouvernement, une grande habileté dans les affaires. Sa valeur guerrière est incontestable. La Gaule fut le théâtre de ses rapides et brillants succès. A la tête de ses troupes, il écrasa la révolte ; puis, joignant les ennemis du dehors, il remporta une célèbre victoire sur sept rois allemands, qu'il tailla en pièces et mit en fuite, dans les plaines de Strasbourg.

Tous ces beaux succès, au lieu de réjouir Constance, ne firent que lui donner de l'ombrage. Le soupçonneux empereur songea à diminuer la puissance de son César. Sous prétexte de marcher contre les Perses, il lui redemanda l'élite de ses troupes. Mais, à cette nouvelle, les légions se révoltent, élèvent leur général sur le bouclier et le proclament empereur, à Paris, en 360.

Quelques mois après, Constance mourait dans un bourg d'Arménie, laissant Julien seul maître paisible de l'empire romain. Le nouvel Auguste ne craignit plus alors de montrer publiquement son attrait pour l'idolâtrie, et de rejeter son christianisme simulé.

Il abjura solennellement Jésus-Christ, avec une fureur inouïe. Il voulut effacer le sceau sacré du baptême avec le sang des victimes, opposant à nos cérémonies les plus saintes celles que les païens croyaient leur servir d'expiation. Après s'être raclé le front, il prit dans ses mains les entrailles des animaux immolés, pour les purifier d'avoir touché la divine Eucharistie.

Ce malheureux jeune homme se fit ainsi le représentant du vieux culte de l'orgueil et des sens. Il transforma son palais en un vaste temple où tous les dieux eurent leurs statues. Le titre de Souverain-Pontife ne lui parut pas trop vain. Il l'estimait autant que celui d'empereur. Il en exerçait publiquement les ridicules fonctions. Le soir et le matin il immolait des victimes au soleil, et pendant la nuit il invoquait la lune. Cette conduite insensée ne tendait à rien moins qu'à relever le paganisme sur les ruines de la religion chrétienne.

En face de la sublimité des dogmes et des saintes austérités de la morale de Jésus-Christ, l'histoire licencieuse d'une foule de dieux libertins convenait mieux, sans doute, aux imaginations dévergondées, et le cynisme des regards s'accommodait mieux des pompes religieuses où les statues, les images, les prêtres, l'ensemble des cérémonies ne constituaient qu'un immense appareil de débauche.

Il n'était pas de désordre ni de honte qu'on n'adorât sur les autels. Il n'en était pas non plus qu'on n'eût le droit de pratiquer dans la vie. Le ciel débarrassait des ennuis de la conscience. Elle pouvait toujours en appeler des prescriptions de la sagesse aux orgies de ses divinités. Que fallait-il de plus aux païens pour voir, avec bonheur, renaître le culte immoral que leur offrait l'Apostat?

L'affliction de l'Église fut grande à cette fatale nouvelle. Elle se crut sur le point de voir encore le glaive du martyre tiré pour la ruine de ses enfants. Mais Julien n'ignorait pas qu'un chrétien est inébranlable dans les supplices, et que dans les tourments il est une preuve vivante de la divinité de sa doctrine. Au reste, la position des disciples du Christ n'était plus la même dans l'empire qu'aux premiers siècles, où la résistance était impossible. Devenus le plus grand nombre, se seraient-ils laissé égorger sans repousser la force par la force? Au lieu des proscriptions et des violences, qui ne furent cependant que trop multipliées, il employa de préférence la ruse et la douceur, la séduction et le ridicule.

Il enleva aux chrétiens, qu'il ne désignait que sous le nom de Galiléens, les dignités, les honneurs, les emplois et tous les avantages que leur avait accordés Constantin, son oncle, pour les donner aux imitateurs de son apostasie.

Oubliant la gravité d'un législateur et la majesté de l'empire, pour une tyrannie digne d'un mépris éternel, il porta une loi dont la rédaction seule est un opprobre. Les docteurs de l'Église excellaient dans les connaissances sacrées et profanes. Ils s'étaient acquis une gloire immortelle en ne cessant, depuis trois siècles, de faire voir l'absurdité des fables païennes, d'en faire ressortir

le ridicule et l'infamie, et en montrant, avec force et
éloquence, que la vérité ne se trouve que dans le christianisme. Il ne vit de salut, pour son paganisme en ruines,
que dans le silence de ces hommes illustres. Il voua les
chrétiens à l'ignorance, ferma leurs écoles et leur défendit
l'enseignement.

L'Église a reçu de son divin auteur l'ordre d'enseigner
toutes les nations, et de leur apprendre tout ce qu'il lui
a ordonné. Le cours des siècles nous la représente
accomplissant avec calme et sagesse son auguste mission,
malgré les obstacles incessants dont tous les ennemis de
Dieu, à l'exemple de l'Apostat, l'ont tourmentée par
leurs lois aussi injustes que ridicules.

Son astucieuse politique n'eut aucun succès. Il apprit,
à sa honte et à celle de ses dieux, que la même Église qui
enseigne à vaincre pour Jésus-Christ les tourments et
la mort, instruit aussi à mépriser les vains honneurs
qu'elle achèterait au prix de sa doctrine.

Julien résolut d'écrire lui-même la réfutation de nos
dogmes et l'apologie des siens. Il plaida la cause de ses
idoles. Il apporta à ce rôle l'inique légèreté d'un sophiste,
le froid calcul d'un sceptique et le fanatisme d'un païen,
brouillant toutes les histoires et cherchant, contre la
doctrine chrétienne, des prétextes de satires et de fades
ironies. Dans tous ses écrits, il eut beau parler clémence
et philosophie; il voulut en vain rapiécer son manteau de
philosophe avec des lambeaux de christianisme, sa haine
et sa cruauté n'en parurent pas moins au travers. L'apostasie l'avait conduit au fanatisme, elle le conduisit encore
à la persécution.

CHAPITRE XIII

SOUFFRANCES DU PEUPLE CHRÉTIEN. — JULIEN GAGNE LA
FAVEUR DES JUIFS. — CEUX-CI, AVEC LES PAÏENS,
EXCITENT LE FEU DE LA PERSÉCUTION. — SAINT
ÉLOPHE SE MULTIPLIE POUR SOUTENIR SES OUAILLES.
— JULIEN ARRIVE A GRAND.

En Italie, en Grèce, en Asie, dans tout l'empire, une multitude de chrétiens généreux montrèrent un courage invincible, et consolèrent l'Église des défections toujours trop nombreuses de ses lâches enfants. Une infinité de personnes, évêques, clercs, laïcs, ne pouvant, contre leur conscience, reconstruire les temples des idoles qu'ils avaient détruits, furent appliquées à des tortures affreuses et jetées dans d'horribles prisons, d'où elles ne pouvaient sortir que par une apostasie pire que la mort.

Le prêtre Basile d'Ancyre, l'évêque d'Aréthuse, qui avait sauvé d'une mort certaine Julien dans son enfance, et une foule d'autres de tout âge et de toute condition, subirent le plus glorieux martyre plutôt par les ordres de ses officiers que par ceux de l'Apostat lui-même. Ce tyran vaniteux voulait, à tout prix, conserver la renommée de prince débonnaire, mais ne laissait pas que d'exciter vivement la fureur des païens par sa haine contre Dieu et par son amour effréné pour l'idolâtrie.

Il fut secondé dans son détestable projet de destruction, non-seulement par de lâches courtisans toujours empressés à suivre les caprices de leurs maîtres pour en obtenir des faveurs, mais encore par les juifs, ennemis nés du nom chrétien. Ce peuple malheureux ayant rejeté avec mépris son Libérateur, prenait pour le Messie tout prince qui lui témoignait quelque intérêt. Julien se les attacha par des bienfaits très remarquables.

En haine du Christ, et pour donner à ses oracles un démenti solennel, il résolut de rétablir cette nation dans son antique splendeur et de reconstruire son temple avec magnificence. D'habiles, d'innombrables ouvriers accoururent de toutes parts. Ils se mettent à l'œuvre sous la conduite d'Alypius. Les juifs s'empressent : hommes, femmes, enfants, tous poussent des cris de joie, outragent et menacent les chrétiens. La place est déblayée, les fondations sont creusées, on descend la première pierre. Mais, tout-à-coup, s'élancent de terribles tourbillons de flammes qui se précipitent, dévorent les ouvriers et consument leurs instruments de travail. Un effroyable tremblement de terre, une tempête inouïe enlèvent et dispersent les immenses matériaux et renversent les galeries, ensevelissant sous leurs décombres les malheureux habitants.

Par ordre de l'empereur, les enfants d'Israël s'obstinent et combattent les éléments en fureur ; mais ils sont repoussés par le feu, et ne quittent leur sacrilège dessein que lorsqu'une croix lumineuse apparaît dans les airs, pour montrer la folie d'un empereur qui essaie de lutter contre celui que, par mépris, il appelle le fils du charpentier, mais qui est bien le Fils tout-puissant de Dieu.

Mais à quoi servent les prodiges les plus éclatants contre un orgueil insensé! Pour complaire à l'Apostat, les païens et les juifs, toujours haineux contre les disciples de Jésus-Christ, excitèrent dans l'empire une si formidable tempête, qu'il semblait que l'Arche Sainte, abandonnée de Dieu, allait sombrer dans une mer en furie.

L'impie Julien, oncle de l'empereur, outrageant un saint autel de la manière la plus honteuse, s'écriait déjà : C'est la bonté des dieux qui a détruit la religion du Christ.

En effet, si à la prière des justes, le bon Maître n'eût abrégé les jours d'épreuve en arrêtant les menaces du persécuteur, c'en était fait du nom chrétien. Mais Jésus, pendant cette nuit orageuse était sur l'eau, et Pierre, selon sa coutume, allait vers lui en marchant sur les flots.

Saint Athanase, chassé d'Alexandrie par les ordres de Julien, disait à son peuple qui pleurait son exil : ayez confiance, mes enfants, c'est un nuage ; il passera comme passent les nuages.

Dans ces circonstances lamentables, les Gaules furent fécondes en courage et en vertus. Le pays Leuquois vit couler le sang des fidèles et eut grandement à souffrir de la haine de l'Apostat. Mais saint Élophe se montra le bouclier de la foi. Si le ciel ne l'eût opposé, comme un mur d'airain, comme une colonne de fer, à l'insolence du plus dangereux ennemi de la religion chrétienne, sous le feu de la persécution, les plus lâches renonçaient à la foi, par l'espérance des charges et des richesses ; les plus faibles succombaient par la crainte des supplices, et les forts périssaient dans la violence des tourments.

Dès que le persécuteur eut porté la désolation dans le troupeau de Jésus-Christ, saint Élophe comprit que l'heure était venue de manifester, en face du ciel et de la terre, une éclatante profession de la foi catholique.

Mais l'évêque de Toul venait de mourir. Saint Mansuy avait quitté la terre pour aller recevoir, de la main de Dieu, la récompense de son apostolat. Tant d'autres défenseurs de la foi avaient, eux aussi, reçu la couronne de leurs anciennes victoires, alors que leur vaillante ardeur semblait si nécessaire pour soutenir le troupeau naissant !

Ce surcroît de tribulation plongea le diocèse dans un deuil général. L'Église des Leuquois, appréciant les hautes vertus de son Archidiacre, lui décerna l'honneur d'un hommage public. Dans son veuvage, elle porta ses regards vers saint Élophe, et remit entre ses mains le gouvernement des choses de Dieu. Sous le poids de cette nouvelle responsabilité, il n'eut qu'une seule pensée, celle de répondre aux vœux de ses enfants.

En face de l'orage, il déploya tout son zèle apostolique. On le vit infatigable, parcourir de nouveau les campagnes, rompant aux fidèles le pain de la parole et de la foi ; les encourageant à s'attacher, d'une manière inébranlable, à la doctrine des apôtres ; ranimant leurs espérances des biens éternels, les enflammant de l'amour de Dieu et du désir du martyre.

Ses travaux ne furent pas inutiles. Les plus timides, cachés dans leurs demeures, ne craignirent plus les tourments. Ceux qui s'étaient enfuis dans les forêts se hâtaient de paraître. Tous avaient l'espérance d'être bientôt enveloppés dans la commune persécution.

Cependant Julien faisait ses préparatifs pour la guerre contre les Perses. Il avait quitté Paris avec son armée et sa cour. Il s'était établi à Grand. Saint Élophe le sut, et ne craignit pas de poursuivre ses courses vers cette cité, et d'en faire le centre de son apostolat. Il était impatient d'en venir aux mains avec ce géant qui blasphémait le nom du Seigneur et insultait ses fidèles enfants.

CHAPITRE XIV

LE ZÈLE DE SAINT ÉLOPHE IRRITE L'APOSTAT. — SACRIFICE PAÏEN. — SAINT ÉLOPHE BRISE L'IDOLE. — IL CONVERTIT LES INFIDÈLES. — IL EST MIS DANS LES FERS. — IL FORTIFIE LES PRISONNIERS. — UN ANGE LE DÉLIVRE. — JOIE DES CHRÉTIENS.

En présence de ce puissant ennemi, saint Élophe ne cessait de parcourir les environs de la ville, pour porter les grâces de la religion à ses frères en Jésus-Christ. Son ardeur pour étendre le règne de Dieu et sauver les âmes croissait avec le danger.

Cependant la renommée porta ses vertus et ses succès jusqu'aux oreilles de Julien. Dès lors l'Apostat n'eut pas de plus vif désir que de perdre un homme si ardent à renverser ses projets. Il jura de punir son audace. Il en trouva bientôt l'occasion.

Hors de l'enceinte de Solimariaca, à peu de distance de la ville, s'élève une éminence d'où l'œil domine un vaste horizon, avec les bords gracieux du Vair dont les sinuosités se perdent dans une agréable vallée. Un jour, sous de frais ombrages, on y donnait, avec grande pompe, une fête en l'honneur de Solimara, déesse protectrice de la contrée.

L'autel était orné de guirlandes de fleurs, l'encens fumait et les sacrificateurs empressés allaient immoler les victimes. On n'avait rien omis pour attirer la multitude, et captiver les sens. Toutes les séductions qui accompagnent le culte des fausses divinités s'étalaient aux regards étonnés des spectateurs. On eût dit un piége dressé à dessein pour surprendre la foi des chrétiens. Plusieurs, en effet, ou curieux ou timides, se laissèrent entraîner par le prestige de ce spectacle. Mêlés à la foule que cette fête enivrait, ils n'eurent pas honte d'y prendre part.

Élophe se trouvait alors dans la ville, berceau de son enfance. Il apprend la nouvelle de cette défection. Soudain, un éclair d'en haut brille sur son front. Sa grande âme bouillonne d'indignation. Il oublie l'inévitable danger qui le menace. Il ne voit que l'insultant outrage fait à son Dieu, et l'aveuglement de ces âmes fascinées par les pompes du démon. Il accourt, il vole.

Fendant les flots pressés de la foule, il s'élance vers l'autel profane. Là, sous l'œil étonné du sacrificateur, saint Élophe brise l'idole, renverse tout ce qui se présente sous sa main, et foule aux pieds l'encens sacrilége préparé pour le sacrifice.

Du milieu de ces ruines qui l'entourent, l'apôtre domine l'assemblée, et d'un ton de puissance et de persuasion entraînante que l'Esprit-Saint peut seul inspirer et soutenir, il représente aux païens l'absurdité de leur culte, et reproche aux chrétiens infidèles la honte de leur apostasie. A tous, il montre la croix du salut où expira Celui qui est venu dire au monde : je suis la voie, la vérité et la vie.

La multitude parut saisie de frayeur à la vue d'une action si hardie. Élophe l'avait rendue comme immobile par sa voix inspirée et les flammes de son regard. Après quelques instants de cette stupeur silencieuse, les cœurs frémissent, agités par ses paroles brûlantes comme par une étincelle électrique.

Tout-à-coup les poitrines se soulèvent, les unes de colère, les autres de repentir et d'amour. L'impression sur ce peuple fut telle que, sans compter les femmes et les chrétiens revenus à la fidélité, six cent-trente-deux personnes se convertirent sur-le-champ, et reçurent le saint Baptême.

Quelle joie pour le saint lévite de se voir, comme un conquérant, chargé des dépouilles de l'enfer, ou comme un bon pasteur, environné de ceux qui, de loups furieux, étaient devenus des agneaux tous disposés au martyre !

Un fait si éclatant produisit une réaction effroyable.

Ceux qui restèrent enchaînés aux autels de l'idolâtrie, furent agités d'une étrange fureur. Ils s'irritent de la victoire d'Élophe sur le paganisme et de la ruine du culte des dieux de l'empire. Ils se précipitent, comme des lions, sur le courageux athlète de la croix, le chargent de chaînes, et pour venger l'injure faite à leur divinité, ou mieux encore, pour plaire à l'empereur, le conduisent dans les prisons, avec trente-trois autres chrétiens.

Il y fut livré à de rudes privations et accablé de maux, de la part de ses cruels ennemis. Mais combien il fut heureux de se voir lié pour son divin Maître ! A l'exemple du chef des apôtres et des premiers chrétiens, les glorieux captifs se réjouissaient dans leurs fers d'avoir été jugés dignes de souffrir la violence pour le nom de Jésus. Ils se soutenaient mutuellement par les pensées consolantes de la foi.

La pauvreté, l'horreur des cachots, la rigueur des gardes, l'attente du supplice pouvaient ébranler le plus ferme courage. Saint Élophe, comme un père, relevait avec tendresse l'espérance de ses enfants, dissipait leur affliction et les exhortait à la persévérance :

« Généreux soldats de Jésus-Christ, levez les yeux vers le ciel. Voyez la palme du vainqueur ! Bénissons le Seigneur des grâces qu'il nous fait dans cette noire prison. Pleins de mépris pour les vanités trompeuses de cette vie périssable, contents des douceurs d'une conscience satisfaite, soyons heureux d'être participants des souffrances des saints, puisqu'un moment de tribulation doit opérer en nous une part de gloire éternelle.

« Ceux qui peuvent nous ôter la vie du corps ne peuvent, par leurs tourments, que procurer à nos âmes une vie immortelle. Bientôt nous serons consumés de misères dans cet affreux cachot, ou bien nous irons verser notre sang pour Dieu, notre père, et recevoir de lui la belle couronne du martyre. Vous pleurerez, disait le bon Maître, et le monde se réjouira ; mais prenez courage, j'ai vaincu le monde ! »

Ces douces paroles comblèrent de joie les fidèles prisonniers du Christ. Soumis à la volonté de Dieu, ils soupiraient après l'heureux moment qui devait les rendre victorieux du monde et de l'enfer.

La grâce console les élus comme elle les soutient. Elle

les couvre de sa protection. Saint Élophe et ses compagnons ne furent pas délaissés. Autrefois un ange descendit vers le chef des apôtres, pour lui dire de secouer ses chaînes et d'aller sans crainte.

Les fidèles apprenant la dure captivité du saint Archidiacre, furent plongés dans la plus amère douleur. Ils adressèrent au Seigneur de ferventes prières pour sa délivrance. Touchée de ces pieuses supplications, la divine Providence envoya aussi un ange du ciel, pour briser les fers du glorieux prisonnier de Jésus-Christ.

Cette délivrance miraculeuse remplit de joie la ville de Toul. Avec quel bonheur les fidèles le virent paraître sur la place publique avec les meurtrissures et les marques livides de sa captivité! Tous l'environnaient et voulaient entendre de sa bouche le récit de ses souffrances. Tous l'admiraient et s'enflammaient du désir de le suivre.

Les persécutions ont une vertu inconnue à ceux qui les préparent et les déchaînent, c'est de développer énergiquement, dans les cœurs, la vie de la foi. Aux vrais disciples de la croix, elles versent un courage surhumain. C'est au feu des batailles que le soldat se retrempe et devient redoutable. Au sein de la paix on le voit s'amollir et s'énerver.

Le saint confesseur emporta donc, de ses fers, une vigueur d'âme toute nouvelle. Il sentit se réveiller en lui, plus vif encore, le désir de retourner à Grand. Il se disposait à ce départ, quand il fut soumis à une bien rude épreuve.

CHAPITRE XV

Lientrude quitte Soulosse et vient a Toul. — Souffrance chrétienne. — Saint Élophe au chevet
de sa mère mourante. — Sa douleur, sa consolation. — Il revient a Grand.

Lientrude avait quitté Soulosse. Son palais, jadis si
animé par sa jeune et brillante famille, était devenu
silencieux. L'herbe sauvage avait crû sur ses chemins, ses
fleurs étaient sans parfum, ses fruits sans saveur et ses
frais ombrages avaient perdu leurs charmes. Cette auguste
mère avait vu, les uns après les autres, s'éloigner ses
enfants. Elle restait seule, semblable à Rachel pleurant
ses enfants sur les monts solitaires.

Cette solitude était devenue plus triste encore par la
mort de Bacchius. L'illustre patricien avait eu la consolation
de rendre le dernier soupir entre les bras de sa noble
compagne. Il avait senti une main amie dans sa main
défaillante, et avait pu entendre une voix connue murmurer à son oreille les accents de la foi, et la prière de
l'espérance.

Dieu lui épargna la connaissance du martyre de sa
famille. Ses dépouilles mortelles furent confiées à la terre,
à Bactiman. Ce nom est effacé, et nul ne sait où il fut; si

le lieu où repose son corps est ignoré des hommes, l'Église connaît le lieu où sa grande âme est bienheureuse au sein de Dieu.

Les fonctions d'archidiacre obligeaient saint Élophe à rester près de son évêque. Toul était son séjour habituel. Lientrude, en quittant Soulosse, vint tout naturellement fixer sa demeure auprès de son fils bien-aimé.

Combien furent amères les larmes qu'elle versa sur sa captivité ! Qui pourrait dire les angoisses de son cœur à la vue des dangers où il était constamment exposé ! Aussi, ce fut avec les plus vifs transports de bonheur qu'elle apprit sa délivrance miraculeuse et qu'elle le vit revenir en triomphe.

Tous les jours, c'est le Seigneur qui les a faits, les jours de joie comme les jours de tristesse. Mais le nombre en est bien inégal. On dirait qu'un ange, comme au temps de David, sur le Moriah, tient toujours un glaive étendu pour frapper. La vie est pleine de misères. Il ne faut pas s'endormir dans la prospérité, mais ceindre ses reins pour le malheur.

Lorsque la tribulation est venue, chrétiens, adorons la main qui frappe. C'est toujours celle d'un Père. Versons des larmes, personne ne les condamne ; mais n'y mêlons ni plainte ni murmure. Dites, vous le pouvez, comme Jésus au jardin des Oliviers : Mon Père, si c'est possible, que ce calice passe loin de moi ; mais que votre volonté se fasse et non pas la mienne.

C'est l'heure du mérite. Il n'est pas de prière, si fervente qu'elle soit, qui aille au cœur de Dieu, comme un soupir de résignation. Il n'est pas de bonne œuvre qui vaille, devant l'éternelle Justice, une peine supportée en esprit de pénitence. Dans la souffrance, c'est la croix qui console et qui est le refuge dans les épreuves. Il en fut ainsi pour saint Élophe. Un coup terrible brisa dans ce moment une de ses affections les plus chères et le plongea dans une indicible douleur.

Lientrude ne put résister aux violentes émotions qu'elle avait éprouvées dans les derniers moments. Elle sentit se briser le fil de la vie, et, quelques jours après, elle se vit sur un lit de souffrances.

Saint Élophe entoura cette mère bien-aimée des soins les plus assidus, les plus intelligents et les plus affectueux. Constamment à son chevet, ses pieuses et consolantes paroles étaient pour elle comme une douce rosée dans ses angoisses et ses cuisantes douleurs. Il la soutint dans son dernier combat, et recueillit son dernier souffle qui fut un acte d'amour.

L'ange de la famille reçut son âme bienheureuse, et la conduisit aux pieds de Dieu, pour y recevoir la couronne des bonnes mères. C'est pour elles que sont réservées les plus belles places du Paradis.

O mort! que tu es cruelle, surtout quand tu enlèves une bonne mère! Que d'amertume! Que de regrets! Que de larmes!

« Il n'est plus de bonheur pour qui n'a plus de mère! »

Que la mort est horrible avec ses mystères de décomposition, de pourriture et de vers! De toutes les choses terribles, c'est la plus terrible! Cependant, lorsque la foi, couvrant la victime de son manteau royal, montre cette poussière pleine de vie, brillant comme un soleil dans la splendeur des cieux, l'on comprend pourquoi le saint Apôtre dit aux cœurs désolés: « Ne vous attristez pas comme ceux qui n'ont plus d'espérance, car, si nous croyons que Jésus-Christ est mort et ressuscité, nous savons aussi que ceux qui se sont endormis de son sommeil, s'éveilleront un jour avec lui. »

Saint Élophe honora sa mère chérie de magnifiques funérailles. Agenouillé sur la terre qui la couvre, aux pieds de la croix, gage de salut et symbole d'espérance, il redit avec le saint homme Job : « Je sais que mon Rédempteur est vivant ; que je ressusciterai de la terre au dernier jour, et que je verrai mon Dieu dans ma chair. Cette espérance repose dans mon sein. » Ce fut la seule consolation du bon fils, en quittant une mère dont il ne devait être séparé que quelques jours, pour la revoir dans la céleste Patrie.

Le corps de cette femme vertueuse fut, avec justice, considéré comme le corps d'un prédestiné qui doit, un jour, être un ornement du royaume des cieux. Plusieurs siècles après, il fut transporté dans l'insigne Église de Saint-Pierre de Remiremont, où il attend une résurrection glorieuse.

Après avoir satisfait aux devoirs de la piété filiale, saint Élophe, avide de reprendre ses périlleux voyages, ne tarda pas à quitter la ville de Toul. Du reste, les liens de la terre, en se brisant, ne lui donnèrent que plus de liberté d'âme pour accomplir son généreux dessein.

Il savait que les juifs et les païens étaient assidus à sa recherche, pour le faire sacrifier aux idoles, ou le mettre à mort. Mais l'intrépide soldat du Christ, à l'exemple du divin Maître, ne craignit pas d'aller à la rencontre de ses ennemis. Il revit donc, une dernière fois, l'église qui lui était chère comme une épouse, et se rendit au foyer

de la persécution, pour consoler et soutenir les fidèles. Il
demeura deux jours à Grand. Saint Euchaire en était
sorti, pour les combats de la Foi, dans le nord de la province. Saint Élophe y répandit sur les infirmes une multitude de bienfaits, les guérissant de ses mains consacrées
par les fers de la captivité.

Il prit un soin particulier, pour visiter les cachots et
pour rechercher ses frères persécutés, afin de les fortifier
par la grâce de l'Eucharistie. Son zèle s'étendit même
aux infidèles. Il fit briller à leurs yeux la lumière de
l'Évangile. Deux cent vingt-six d'entre eux reçurent avec
joie la parole divine, et virent leurs âmes sanctifiées par
la grâce du Baptême.

CHAPITRE XVI

SAINT ÉLOPHE TROUBLE A SOULOSSE UN SACRIFICE. — IL
EST SAISI, MIS EN PRISON ET DÉNONCÉ A JULIEN. —
DRAME SANGLANT DE SON GLORIEUX MARTYRE.

Enfin arrive l'heure où Dieu devait couronner ses
dons dans son serviteur. C'était par la gloire du martyre.
L'occasion d'en cueillir la palme se présenta bientôt. Saint
Élophe la recherchait avec amour, et s'y était préparé
par le corps et le sang de Jésus-Christ et la grâce de
l'Esprit-Saint. Il saluait, dans son cœur, depuis longtemps,

C. Fontaine architecte del. 1872.

l'heureux jour qui devait amener son triomphe et l'unir à son Dieu.

Il était de retour à Soulosse ; il exerçait son apostolat sur sa terre natale, lorsqu'il fut rencontré et saisi par les soldats de l'empereur, aidés par les juifs qu'animait le même esprit de haine.

Ces misérables ayant rejeté les prophètes et les apôtres, n'écoutaient plus que les oracles des démons auxquels ils prodiguaient un encens qu'ils refusaient à l'Éternel. Saint Élophe les avait trouvés, sur les bords du Vair, prosternés avec les païens devant de folles divinités. Vous vous perdez, s'écria-t-il, ô les plus infortunés des hommes, en adorant les démons, sous ces vains simulacres. Il n'est qu'un seul Dieu, vrai créateur de toutes choses visibles et invisibles ; adorez-le avec Jésus-Christ et l'Esprit-Saint, vous aurez le pardon de vos fautes et vous donnerez à vos âmes un éternel bonheur.

Mais il ne put achever. Il est saisi par ces furieux, garrotté, chargé de chaînes, accablé de mépris, d'outrages et de coups ; il est jeté dans une étroite prison, voué à tous les mauvais traitements, comme indigne de toute compassion.

Julien était à Grand à la tête de ses légions. Il vint à Soulosse. On lui apprend qu'Élophe a outragé les dieux de l'empire et ramené les infidèles à la foi chrétienne. On l'accuse d'être l'ennemi des divinités dont il a brisé les statues et renversé les temples qu'il ne veut pas rétablir ; d'annoncer une doctrine opposée aux vues politiques de l'empereur, et de lui aliéner le cœur de ses peuples.

Il en fallait moins pour attirer l'orage sur le saint Apôtre.

Alors, comme aujourd'hui, il suffisait de jeter une impudente calomnie aux passions du peuple, pour faire réagir violemment contre les pacifiques disciples de l'Évangile. Julien profita des dispositions hostiles de la multitude pour accueillir ces accusations. C'est pourquoi l'homme de Dieu fut arrêté et mis dans les fers.

Pour éviter une nouvelle évasion, on procéda, sans trop de délais, à son jugement. Au jour fixé, les gardes amènent l'Oint du Seigneur au milieu d'une double haie de soldats, l'épée nue à la main, devant le tribunal qui l'attendait.

Il parut dans toute la splendeur de sa foi, l'intrépide apôtre, qui renversait, au péril de sa vie, les autels des démons. En vain un appareil formidable est déployé autour de lui. Son âme n'en n'est pas intimidée. Son espérance est en Dieu, qui seul tire la force de la faiblesse, et confond, quand il lui plait, la puissance selon le monde.

La statue de Solimara, sans doute, ou de Rosmerte, divinités tutélaires de Soulosse, est debout, le feu brûle, l'encens fume. Tous les regards sont fixés sur saint Élophe, et toutes les bouches vont réclamer son sang s'il refuse de sacrifier.

L'Apostat est sur son trône. Il est revêtu des insignes de la majesté impériale. Les licteurs sont à ses pieds. Il est environné d'une garde nombreuse, aux armes étincelantes. Cependant, il parait inquiet, troublé. Il frémit sous le regard de l'illustre prisonnier. Il serait resté sans force et sans parole, si ses démons ne l'eussent soutenu dans ce moment solennel.

Julien, affectant un air de douceur et de clémence, voulut ébranler le courage du saint Archidiacre par d'é-

blouissantes promesses. « Pourquoi, lui dit-il avec une
fausse bienveillance, ne voulez-vous pas rétablir les dieux
que vous avez brisés? » — « Je suis soldat de Jésus-Christ,
dit saint Élophe, tout mon désir est de répandre mon sang
jusqu'à la dernière goutte, plutôt que de brûler un seul
grain d'encens devant vos simulacres, qui ne sont que
des démons. Je veux régner avec mon Dieu, et jouir de
son éternel bonheur. »

La fermeté de cette réplique irrite le juge ; mais,
étouffant dans sa poitrine la colère prête à s'échapper,
il continue : « Laissez-là cette religion gênante et ignoble
des galiléens. Montez plutôt à l'autel des dieux de l'empire. Soyez-en le prêtre. Témoin de vos hommages,
Auguste mettra sa gloire à vous pardonner l'insulte dont
vous n'avez pas craint de déshonorer la pompe de son
culte. Soyons amis d'esprit et de cœur, et je mets à votre
disposition les dignités, les honneurs, les trésors et
tous les biens qui nous sont précieux. »

« J'aime mieux mourir, s'écrie le saint confesseur, avec
l'accent d'une ardeur surnaturelle, » et au milieu des cris
tumultueux qui, comme une tempête, s'élèvent de la foule.
« César, tu te trompes en voulant séduire les chrétiens amis
de la vérité. Périssent et tes promesses et tes richesses !
Tu offres les biens de la terre pour prendre ceux du ciel.
Tu promets une vie éphémère pour enlever la vie éternelle. Tu conseilles des joies périssables pour éloigner des
plaisirs sans fin ! »

Il éclate ensuite, comme en un chant d'allégresse, contre
la triple impiété juive, païenne et hérétique : « Je crois au
vrai Dieu, un dans sa substance et triple en ses personnes,
créateur et providence du monde, n'ayant ni commen-

cement ni fin, et dont le règne est éternel. Je crois au Fils unique du Tout-Puissant, consubstantiel au Père, éternel comme lui, conçu du Saint-Esprit, né vrai homme de la Vierge Marie, crucifié sous Pilate, ressuscité le troisième jour, monté aux cieux, d'où, au jour du jugement, il rendra à chacun selon ses œuvres. »

Le juge frémissant de rage passe de sa feinte douceur au langage plus naturel de la colère. « Ce n'est point un avenir brillant qui t'est préparé, c'est l'ignominie que je te réserve. Au lieu d'un rang illustre, c'est l'oubli, la misère, c'est la mort. J'entends d'ici le murmure de la foule qui demande ta vie pour venger ton outrage envers les dieux. »

« Je ne crains ni les cachots, ni les supplices, ni la mort, répond saint Élophe. Verse mon sang si tu veux. Qu'il coule pour enfanter de nouveaux chrétiens ! Que son effusion témoigne, devant tous les siècles, de ta cruauté et de ma foi en Jésus-Christ. C'est lui que je sers et que j'adore. Il n'est rien qui puisse l'arracher de mon cœur, ni empêcher ma bouche de louer son nom adorable. Invente, tu le peux, de nouvelles tortures pour me consumer lentement et me faire mourir autant de fois qu'il me reste de moments de vie. Le bras de Dieu me soutiendra. Ce me sera un bonheur de mourir mille fois pour lui ! »

« Adore les dieux protecteurs de l'empire, s'écria l'Apostat frémissant d'une inexprimable fureur, ou bien fléchis le genou et présente ta tête pour que mon glaive l'abatte à mes yeux. »

« Prince, dit l'invincible martyr du Christ, par le nom terrible de Dieu vivant, laisse-moi adresser une dernière prière à mon Rédempteur. »

Le cruel tyran, le plus mortel ennemi de Dieu, ne put refuser la demande d'un athlète mourant. Aussitôt, Élophe se prosterne à genoux, et levant les yeux au ciel, il dit à haute voix : « Seigneur, Dieu tout-puissant, qui avez créé le ciel et la terre, et tout ce qu'ils contiennent; vous qui avez placé dans le Paradis l'homme créé à votre image, et qui l'avez ensuite régénéré par l'incarnation et la passion de votre Fils unique, quand il fut tombé par la séduction du démon ; vous qui avez envoyé vos élus, non pas aux joies du monde, mais aux traverses et aux tribulations, exaucez mon humble prière. Parce que je vous aime de toute l'ardeur de mon âme, je veux subir non-seulement tous les tourments du corps, mais la mort même. Ordonnez que mon âme, parée de la couronne du martyre, soit reçue par les anges dans votre céleste demeure, et à ceux qui me font mourir, dans leur ignorance et leur égarement, pardonnez leurs fautes, et accordez-leur une part, avec les saints, dans votre royaume, vous qui régnez, avec le Fils et le Saint-Esprit, un et vrai Dieu, dans les siècles des siècles. »

Tous les fidèles qui étaient présents, saisis d'admiration à ces sublimes paroles, levèrent en silence vers le ciel leurs yeux mouillés de larmes.

Le saint Archidiacre se lève, et debout au milieu de la foule, il promène ses regards alentour et considère en face une petite éminence. «César, dit-il, tu vois cette montagne. Elle sera ma sépulture. Ainsi le veut le Christ, mon Maître. »

Il allait parler encore à la multitude assemblée, lorsqu'on se hâta d'interrompre son discours. On craignit sans doute que ses paroles pénétrantes n'ébranlassent, comme auparavant, une partie de la foule, et ne produisissent de nouvelles conversions à l'Évangile. Sans plus tarder, le juge porta la sentence, et condamna à mort l'invincible confesseur de la foi, le saint Archidiacre de Toul. Le noble martyr éleva les yeux vers le ciel pour lui rendre grâces, et entrevoir l'immortelle patrie où le chœur des anges se préparait à recevoir son âme.

Aussitôt le supplice se prépare. La foule est immense. Les chrétiens adressent à Dieu, avec larmes, leurs plus ferventes prières. Les infidèles rugissent de colère, les bourreaux s'approchent, saisissent le Confesseur, le livrent à de nouveaux outrages, à des cruautés indignes. Ils le dépouillent de ses vêtements et le battent de verges, avant le dernier supplice, selon la coutume des Romains.

Pendant que sa chair virginale frémissait sous les coups de fouets, le saint Martyr priait pour ses ennemis. L'attente d'un poids immense de gloire qui devait succéder à ces cruelles souffrances d'un moment, fortifiait son courage. Semblable à celui qui court pour remporter le prix, et qui, malgré l'affaiblissement de ses forces, redouble d'efforts en approchant du terme, ainsi saint Élophe ranimait son ardeur à la vue de l'éternité vers laquelle il avançait.

Julien repaissait ses regards de cet horrible spectacle et assouvissait, dans le sang, sa haine implacable. Le héros chrétien supportait, avec calme et amour, la rigueur de ces premières tortures, quand, irrité de sa constance, le persécuteur hâta le dénoûment et fit cesser la flagellation.

La foule est silencieuse et attentive. Tout-à-coup elle s'agite par un long frémissement. C'était le coup de la mort qui frappait la victime. La tête de saint Élophe tombait sous la hache du bourreau. La vérité comptait un martyr de plus, et la religion inscrivait le nom du nouveau témoin dans ses augustes archives.

Les païens et les juifs poussent un cri de joie, et font retentir les airs d'immenses clameurs, dans lesquelles se trouve mêlé le culte du nom impérial : Gloire à Auguste, les dieux sont vengés !

CHAPITRE XVII

PRODIGES QUI SUIVIRENT LA MORT DE SAINT ÉLOPHE.

L'odieux tyran, à l'air sombre, à l'œil hagard, descend de son tribunal, s'approche de la victime, et poussant du pied le corps du saint Martyr : « Je verrai, dit-il avec une dérision amère, si ton crucifié te sauvera, te lèvera et te fera marcher vers la montagne. Ton Galiléen n'a pu te délivrer de ma puissance. Je vais te faire dévorer par les oiseaux et les bêtes féroces. Si ton espérance n'est pas vaine, s'il est d'autres dieux que ceux que j'adore, fais-le voir. »

Le prodige suivit de près ces paroles de blasphème. Le ciel préparait son triomphe. Il allait mettre en défaut la voix infidèle de l'Apostat.

En effet, à cet insolent défi, Dieu se montre et venge sa cause. Celui dont la brillante résurrection foudroya les juifs gardiens de son tombeau, rendit la vie au saint Martyr.

Tout-à-coup, celui-ci se lève, prend sa tête d'une main, de l'autre saisit son bâton pastoral et se dirige vers les hauteurs où il avait désigné sa sépulture.

Il marche en triomphe. Les anges dans le ciel chantent la toute-puissance du Dieu qui commande à la mort, et qui sait, quand il le veut, environner d'un rayon de sa gloire immortelle ceux qui ont combattu ses combats et vaincu ses ennemis. Les chrétiens le suivent et bénissent le Seigneur, tandis que, frappés de stupeur, les païens sont tremblants de crainte. Comme autrefois, sur le Golgotha, on en vit plusieurs se voiler la face, se frapper la poitrine et confesser le Dieu de saint Élophe.

L'Apostat, livré à son sens pervers et frémissant de rage, voulut le faire arrêter. Le grand évêque d'Hippone se riait des chefs de la synagogue qui cherchaient, pour le faire mourir, Lazare que Jésus-Christ venait de ressusciter. Julien fut aussi cruel et plus insensé qu'eux, en croyant empêcher ce que Dieu avait résolu pour glorifier son ministre. Ses efforts furent vains et inutiles.

Arrivé vers le milieu de la montagne, le saint s'arrêta un moment. Frappant le rocher de son bâton, il en fit jaillir une source d'eau très pure qui, depuis lors, n'a cessé de couler et de servir d'instrument à la divine Providence, pour le soulagement des souffrances et des misères de la vie.

Les fidèles ont toujours vénéré une pierre qui reçut dans ce moment quelques gouttes du sang du glorieux martyr.

Cependant saint Élophe continuait sa marche, suivi d'une multitude de personnes saisies d'admiration à la vue de ce grand miracle.

Revenus de leur profond étonnement, les païens se livrent à la colère et au désir de la vengeance. Julien remarque lui-même que ses troupes commencent à murmurer. Rougissant de honte et furieux de voir ce mort qui marche d'un pas assuré et lui donne un si solennel démenti, il ordonne à ses satellites de le saisir et de le réduire en cendres.

Mais Dieu qui voulait conserver ce corps miraculeux à la vénération de la postérité, et en faire une cause de bénédiction, sut le protéger d'une manière merveilleuse.

Sur l'ordre de l'Apostat, les païens courent et se précipitent, l'œil en feu et l'arme au bras. Ils font éclater leurs menaces et déjà croient tenir leur victime, lorsque tout-à-coup, par la volonté du ciel, un rocher se déchire, ouvre ses flancs et offre un asile au saint fugitif. Une araignée y brode à la hâte sa toile légère et ferme l'entrée du miraculeux refuge. Trompés par là, les ennemis poursuivent ailleurs leurs inutiles recherches, et le saint corps échappe à leur fureur.

Les prodiges ne sont que des jeux entre les mains de Dieu, quand il s'agit de ses élus. Il remuerait le monde pour une âme qui lui est chère. Ici c'est un fil à peine sensible qui aveugle les méchants et égare leurs pas.

Depuis plus de quinze siècles, on montre encore au pèlerin qui visite ces lieux vénérés l'abri providentiel. Stanislas Leckzinski, roi de Pologne et duc de Lorraine y fit élever une croix qui y brillerait encore, si les impies successeurs de l'Apostat ne l'eussent brisée pendant la Révolution.

Elle fut grande la confusion des soldats de Julien. Ils revinrent tout honteux d'avoir perdu la proie qui semblait ne pouvoir leur échapper. L'Apostat en ressentit une si violente indignation qu'il abandonna aussitôt ces lieux témoins de sa défaite, laissant sur les bords du Vair un monument éternel de sa confusion, et l'exécrable souvenir de son nom malheureux.

Il se dirigea vers la Perse, comme sur le théâtre des vengeances de Dieu. Là, de puissants ennemis inquiétaient toujours l'empire. Ses brillants succès dans les Gaules lui donnent l'espoir de réprimer facilement leur audace. Mais c'est ici que Dieu attendait l'ennemi de son Christ.

A la première mêlée, la flèche d'un parthe l'atteignit au cœur. Sentant que la vie allait lui échapper, Julien exhala sa fureur contre Dieu lui-même. Il recueillit, dit-on, le sang qui jaillissait de sa blessure, et le jeta contre le ciel avec ce blasphème du désespoir: « Tu as vaincu, Galiléen! »

Ainsi disparaît la gloire un moment retentissante de l'impie, son triomphe meurt avec lui. La mémoire du juste demeure impérissable. Son nom béni vole de bouche en bouche. L'auréole qui entoure sa tombe reflète son éclat dans le lointain des âges.

Lorsque les satellites du tyran se furent dispersés, l'asile si promptement trouvé, le rocher qui s'ouvrit d'une manière si étonnante rendirent leur précieux dépôt. Saint Élophe en sortit et parvint au sommet de la sainte montagne.

Là se trouvait une grosse pierre brute. Le saint s'y appuya. Mais le rocher, oubliant sa dureté naturelle, céda comme une cire molle, ouvrit son sein, et offrit au grand Martyr un siége convenable pour consommer sa mission.

Si, ce qu'à Dieu ne plaise, disent les antiques manuscrits de Cologne, de Trèves, de Bruxelles, etc., quelqu'un se refuse à croire notre récit, qu'il aille sur place, et qu'il s'en rapporte aux monuments qui l'affirment.

Si cette auguste tête ne put désormais publier l'Évangile de Jésus-Christ, elle fut du moins, dans le silence sacré de la mort, l'éloquent prédicateur de la puissance de Dieu. Elle consola les chrétiens spectateurs de ces merveilles, les affermit dans la foi, les nourrit dans l'espérance des biens futurs et les embrasa des feux de la charité.

Les fidèles s'apercevant que le saint corps était devenu immobile, comprirent que l'âme de saint Élophe recevait, dans les cieux, la palme et la couronne du martyre. Ils chantèrent des hymnes à la louange de Dieu, firent des funérailles du héros un triomphe plutôt qu'une pompe funèbre, et, le 16 octobre 364, mirent son corps dans un tombeau qui sera glorieux pendant tous les siècles.

SECONDE PARTIE

CHAPITRE PREMIER

CHATIMENT DE DIEU SUR L'EMPIRE ROMAIN. — BARBARES. — INVASION DES VANDALES ET DES HUNS. — RAVAGES DU PAYS DES LEUQUOIS.

L'empire de Rome idolâtre s'était, pendant trois siècles, enivré du sang des chrétiens. Des millions de martyrs avaient affirmé, par une mort sanglante et glorieuse, la vérité de l'Évangile. Les tortures les plus atroces, les plus effrayants supplices : les chevalets, les peignes de fer, les torches enflammées, la poix et l'huile bouillantes, le plomb fondu, la dent des bêtes féroces avaient laissé inébranlables dans leur foi l'enfant et la jeune fille, comme le guerrier le plus fort et le plus intrépide.

Ce témoignage était bien suffisant. Dieu prit enfin la défense de ses élus et fit éclater sa vengeance en face des nations. Elle fut formidable. Saint Jean l'ayant apprise de Jésus-Christ lui-même, l'annonça par des images affreuses que rien ne surpassa que leur terrible exécution. Le sang des persécuteurs coula où avait été versé le sang des martyrs.

Des steppes de la Tartarie et des brumes glacées des mers boréales, un torrent de peuples se précipita vers l'Europe. Pendant des siècles, de nombreuses nations se poussent les unes les autres vers le nord, puis se glissent lentement, à travers les immenses forêts de la Germanie, comme les vagues d'un noir océan, pour s'arrêter terribles aux bords du Danube et du Rhin.

Elles frappent à la porte de l'empire comme le bourreau à la porte du condamné. Aveugles exécuteurs d'un éternel dessein, ces hommes féroces frémissent impatients de tout détruire. Une impulsion irrésistible les entraîne; une seule passion les anime; une seule mission les dirige. Une voix leur a crié d'en haut : Allez où vous appelle la justice de Dieu !

Au signal donné, ils rompent leurs faibles digues, et ces hordes sauvages tombent sur l'empire romain, qui, semblable à un vieillard usé de luxe et de débauche, énervé par la mollesse et les plaisirs, n'offre qu'une impuissante résistance aux coups vigoureux des impitoyables enfants du désert et des forêts.

Les Vandales, les Suèves et les Alains, vers 406, franchissent le Rhin les premiers. Ils se répandent dans la Gaule et y commettent les plus effrayants excès. Ils parcourent la province des Leuquois, chassant devant eux, comme un vil troupeau, sénateurs et matrones, maîtres et esclaves, enfants et vieillards. De tous côtés leurs mains sacriléges promènent l'incendie, qui ne s'arrête qu'après avoir brûlé toutes les villes. Aucune ne peut résister à leur fureur.

Les pierres, les fragments de murailles, les autels sacrés, les tronçons de cadavres pétris et mêlés avec du sang, y ressemblent à du marc écrasé sous un horrible pressoir. Sans distinction d'âge, de sexe, de condition, tout est passé au fil de l'épée. Des enfants sont suspendus aux branches des arbres! Plus de deux cents jeunes filles sont foulées aux pieds des chevaux ou brisées sous les roues des chariots! Les prêtres, les évêques disparaissent sous les débris de leurs églises.

Les malheureux échappés à ces désastres sont poursuivis, égorgés dans les montagnes. Pressés par la faim, s'ils reviennent dans les forts, c'est pour y trouver la même barbarie qui désole les campagnes, ou pour se livrer à l'ennemi et subir une éternelle servitude.

Les vignes sont détruites et les champs ravagés. La famine et la peste, suite malheureuse de ces calamités, y mettent le comble et, pendant trois années, cette province, si riche et si peuplée, n'offre plus que cendres et que ruines, des cadavres vivants que l'on distingue à peine des morts dont la terre est jonchée.

Cette formidable inondation de barbares s'écoule lentement, se dirige vers le midi et ne s'arrête que sur les sables du désert. Pendant qu'elle dévaste l'Italie, l'Espagne et l'Afrique, le pays des Leuquois respire un moment. Durant un quart de siècle il peut réparer ses lamentables ruines, relever ses murailles et ensemencer ses campagnes.

Mais voici le fléau de Dieu! L'an 450, Attila, roi des Huns, traîne à sa suite, du fond de la Haute-Asie, une de ces formidables armées que le ciel, quelquefois, rassemble de toutes parts, sous un même chef, pour punir la terre.

Il porte ses regards tour-à-tour sur Rome et sur Constantinople. Il hésite entre ces deux proies. Il se décide pour l'Occident et tombe sur la Gaule, avec six cent mille hommes.

Il achève de détruire ce qui a échappé à la fureur des Vandales. Trèves, Metz, Strasbourg, Toul, Rheims, Besançon, Langres et Grand tombent sous les coups du farouche guerrier, et disparaissent dans les flammes avec leurs richesses et leurs splendides monuments.

La terre tremblait sous les pas du terrible dévastateur, lorsque le général romain Aétius, Théodoric, roi des Wisigoths, et Mérovée, prince des Francs, réunissent leurs forces contre ce monstre altéré de sang, l'attaquent, dans les plaines de Châlons, et remportent sur lui la plus éclatante victoire. Trois cent mille hommes restent sur le champ de bataille. Le barbare vaincu craint pour la première fois, et frémissant de rage et de honte, il s'enfuit au-delà du Rhin.

La Gaule était sauvée. Ici, en effet, finissent pour elle ces grandes invasions qui l'ont bouleversée pendant un siècle. Dans les desseins de Dieu, cette submersion sanglante fut un grand baptême, la rénovation du genre humain, et le salut de l'Occident. En se mêlant aux races vaincues, les farouches vainqueurs rajeunirent l'humanité. Ils versèrent, dans ses veines appauvries, cette sève bouillante, ce feu de leur sang, dont l'esprit chrétien avait besoin pour former un autre univers.

CHAPITRE II

Route des Barbares. — Forteresses. — Solimariaca
désolée par les Vandales, et détruite par les
Huns. — Résignation chrétienne due au tombeau
de saint Élophe.

La patrie de saint Élophe, Solimariaca, ne put échapper
à la fureur des Barbares. Elle eut le triste sort des autres
villes. Placée sur la grande voie qui, de Rome conduit
à travers la Gaule, par Marseille, Lyon, Langres, Toul,
Trèves, jusqu'à Cologne et l'Océan, elle eut à subir tous
les flots de ces effrayantes inondations.

Traînant à leur suite leurs femmes et leurs enfants,
les peuples de la Germanie, avec leurs chariots, ne pouvaient s'écarter des grandes routes. Aussi l'infortunée
Solimariaca a toujours eu à souffrir de ces féroces dévastateurs, depuis les plus antiques migrations dont l'histoire
ait gardé le souvenir, jusqu'aux évènements dont la
France vient d'être le théâtre.

Les invasions de Barbares se multipliaient en propor-
tion de la faiblesse toujours croissante de l'empire.
Lorsqu'elles devinrent presque impossibles à réprimer,
on éleva des camps et des forteresses sur tous les points
qui en étaient susceptibles, principalement au passage
des rivières. C'était dans ces lieux fortifiés que les Gallo-
Romains se retiraient, à l'approche d'un ennemi qui,

souvent, préférait passer outre afin d'éviter les lenteurs d'un siége pour lequel, d'ailleurs, il se sentait peu d'aptitude.

Un immense réseau de chaussées magnifiques unit à l'empire romain toutes ses nouvelles conquêtes. Les ponts jetés sur les rivières furent l'objet d'une défense spéciale, et durent être gardés par des stations militaires. Située sur le Vair, Solimariaca eut une forteresse d'une grande importance. Elle consistait en une vaste enceinte de murs épais de deux mètres cinquante centimètres, parsemés de meurtrières et flanqués de six tours.

Le Vair, dont le cours était plus au sud, longeait le château. On le traversait sur un pont qui débouchait vers le milieu du fort, à l'endroit où la route actuelle de Neufchâteau entre dans Soulosse. Ce grand ouvrage ne parut pas aux Romains suffisant pour garder ce passage. Ils le firent observer par un camp placé sur une montagne voisine, de 1,300 mètres de circonférence, et capable de contenir une légion, peut-être deux (7 ou 14,000 hommes). C'est le camp de Julien, dont on admire encore la belle disposition.

A l'ombre de cette puissante forteresse, s'étendait, dans tous les sens, la ville de Solimariaca. Elle possédait de beaux édifices à l'usage des armées romaines. Magasins et casernes pour les soldats, et palais pour les officiers et les magistrats. De nombreuses et magnifiques maisons de campagne brillaient au loin sur chaque rive du Vair, et les coteaux voisins, couverts de belles forêts, formaient le plus agréable horizon, et entretenaient dans la plaine une fertilité alors très remarquable. Rosmerte, avec son boisseau, divinité protectrice du commerce des grains, et honorée d'un culte particulier dans ces lieux, et le nom

de Frumentosa (Fruze) donné à un de ses faubourgs, indiquent l'abondance et la richesse de ses moissons, dans
ces temps reculés.

Sous les successeurs de Julien-l'Apostat, surtout pendant
le règne glorieux de Théodose-le-Grand, la religion fleurit
de toutes parts, l'Évangile se propagea, et le sang de
saint Élophe fit naître à Dieu de nombreux enfants.

Solimariaca était devenue chrétienne. Elle cultivait,
dans le calme de la paix, les vertus que lui avait enseignées son illustre martyr, lorsque le bruit de la marche
des Vandales retentit comme celui de la tempête.

Les juifs et les païens, toujours ennemis de Jésus-Christ
et de ses disciples, frémirent de joie à l'approche des
Barbares. Mais leur bonheur fut de courte durée. Les
cruels enfants de la Tartarie tombent comme un ouragan
sur la ville, renversent ses tours, détruisent ses remparts
et mettent tout à feu et à sang, sans distinction de
culte, et font de Solimariaca un monceau de ruines.

La paix qui suivit cette formidable tempête, ramena
dans leur triste patrie les habitants de la ville, échappés
à la servitude ou à la mort. Ils se hâtèrent de relever
leurs murailles calcinées, et de reconstruire leur citadelle. Ils employèrent, pour leurs constructions, les débris
des temples, les autels, les statues obscènes des divinités
païennes et, par l'ordre d'Arcadius, firent ainsi disparaître les derniers vestiges de l'idolâtrie.

Solimariaca reprenait un air de vie et commençait à
oublier ses calamités, quand parut Attila. Elle fut prise
d'assaut, et après de terribles combats vaillamment soutenus, l'ennemi pénétra dans la forteresse. De nos jours,
on retrouve encore, dans ces lieux témoins de la vaillance

de nos ancêtres, des glaives, des fers de lance, des casques et de nombreux débris d'armures. Beaucoup de squelettes gisent çà et là, les uns couchés dans diverses positions, les autres assis, appuyés contre les murs.

Les Huns massacrèrent les habitants, pillèrent les maisons et se retirèrent, ensevelissant sous les ruines de glorieux défenseurs dont les ossements reposent où ils sont tombés, et dont les armes n'ont pas même été recueillies.

L'antique Solimariaca disparut dans cette épouvantable catastrophe, et le sol, exhaussé d'un mètre et demi par les décombres, a recouvert les restes de ce drame sanglant.

Pendant ces calamités sans égales, les fidèles eurent à souffrir comme les païens. Mais quelle différence entre des destinées semblables à l'extérieur! Pour ceux-ci, tout périssait en périssant eux-mêmes. Ils souffraient sans fruit, sans consolations, sans consolateurs. Le chrétien, soutenu par la foi, restait inébranlable au milieu des ruines. Qu'importait qu'on lui ravît des biens dont son détachement avait prévu la perte ; qu'on lui refusât les honneurs de la sépulture, ses dépouilles terrestres, jouets de la mort, n'étant, à ses yeux, que le voile informe qui cache l'homme véritable.

Les vierges étaient exposées aux insultes, aux outrages; mais leur innocence demeurait sans atteinte, et leur malheur était le crime d'autrui. Les captifs étaient chargés de chaînes et couverts d'opprobres; mais la liberté des enfants de Dieu, qui consiste à n'obéir qu'à lui, les rendait plus indépendants que le vainqueur lui-même. Les fidèles, d'ailleurs, savent que, sous un Maître équitable, les af-flictions deviennent ou de justes châtiments, ou de salutaires épreuves, et c'est pour cela qu'ils portent avec calme le poids de leurs souffrances.

C'est auprès du tombeau de saint Élophe qu'ils trouvaient cette persuasion salutaire. Le spectacle émouvant de son martyre ne pouvait que les porter à la patience religieuse et à l'espérance chrétienne. Celui qui, du haut des cieux, se plaisait à manifester sa tendresse pour ses enfants bien-aimés, en multipliant les miracles de sa puissante intercession, en adoucissant, en guérissant les infirmités du corps, ne pouvait rester sourd aux cris de détresse qu'ils poussaient vers lui dans les angoisses de leurs âmes et l'amertume de leurs cœurs.

Aussi rien n'égalait leur confiance et leur amour filial. Il est si doux, dans le malheur, de sentir la main d'un ami qui soutient et qui protège !

CHAPITRE III

L'HOMME DÉCHU N'A POUR SE RELEVER QU'UN SEUL MÉDIATEUR. — LE CULTE QU'IL REND AUX SAINTS N'EST NI UN ACTE D'IDOLATRIE, NI UN DÉTOURNEMENT DE LA GLOIRE DE DIEU. — DOCTRINE DE L'ÉGLISE SUR L'INVOCATION DES SAINTS. — LÉGITIMITÉ DES HONNEURS QU'ELLE LEUR A TOUJOURS ACCORDÉS.

L'homme, en sortant des mains de son Créateur, réunissait à un corps merveilleusement organisé une âme, chef-d'œuvre de la puissance divine. A cette vie naturelle déjà si splendide, Dieu, dans sa bonté infinie, en ajouta une autre d'une valeur incomparable. Il le revêtit de la grâce sanctifiante, lui communiqua une éclatante beauté, le considéra comme son enfant, héritier de son céleste royaume et destiné à partager sa gloire et son bonheur. Aussi, noble image de la Divinité, l'homme marchait devant le Seigneur comme le roi de la création.

Par son audacieuse révolte, il fit à Dieu un outrage mortel et subit le plus effrayant naufrage. Il perdit entièrement la vie surnaturelle. Il ne lui resta plus que quelques faibles débris de la vie naturelle. Il ne représentait plus, aux yeux des anges, que l'image d'un palais magnifique ravagé par des flammes dévorantes.

Le Fils de Dieu eut pitié de son état lamentable. Il se fit homme lui-même, et par un prodige incompréhensible, il trouva, dans son ardent amour, un moyen de satisfaire aux plus rigoureuses exigences de la justice divine.

Seul, Jésus-Christ est le Rédempteur des hommes, il présente incessamment à son Père les marques sacrées de ses plaies, les mérites infinis de ses souffrances et de sa mort, le sacrifice adorable consommé sur la croix et continué sur les autels. Seul il a mérité à l'homme la réhabilitation et toutes les grâces pour vivre sur la terre et obtenir sa fin sublime qui est la possession de Dieu dans le ciel.

Triste victime de la révolte de son père et brisé par la chute originelle, l'homme, dans cette vallée de larmes, a un incessant besoin de secours. Il adresse une prière continuelle au suprême Médiateur qui seul peut le lui donner. Mais il ne laisse pas que de diriger aussi ses regards suppliants vers les bienheureux qui triomphent devant Dieu.

L'hérésie n'a rien compris dans cet élan naturel. Elle n'y voit qu'un acte d'idolâtrie, un détournement de la gloire qui n'est due qu'à la Majesté divine. C'est une étrange erreur. Qui ne sait que le culte catholique des saints consiste uniquement à les prier, non de nous donner quelque chose eux-mêmes, mais de solliciter pour nous les bienfaits de l'unique Auteur de tous les dons? Qui ne sait que ce culte place les saints, au ciel, dans la posture de suppliants et d'intercesseurs, et que par là même il rehausse la grandeur de Dieu en rapportant tout à son honneur?

Quant à la gloire du divin Médiateur Jésus-Christ, loin d'être appauvrie par le culte des saints, elle en est, au contraire, augmentée de la manière la plus formelle. C'est lui qu'on glorifie dans ses membres. C'est le triomphe de sa grâce qui est célébré dans les saints. Leur sainteté est une émanation, un écoulement, un rejaillissement de sa sainteté. C'est la vertu de son sacrifice dont on fait l'application. Il est comme un océan d'où fluent et refluent tous les mérites, et le foyer médiateur par lequel passent toutes les prières et toutes les grâces entre Dieu et les hommes. « Par notre Seigneur Jésus-Christ qui vit avec vous dans l'unité de l'Esprit-Saint, aux siècles des siècles », tel est le mot par lequel nous terminons toutes nos demandes.

Aussi le saint Concile de Trente (session 25e) enjoint-il à tous ceux qui sont chargés d'enseigner les peuples que, suivant l'usage de l'Église catholique et apostolique reçu dès les premiers temps de la religion chrétienne, conformément aux sentiments unanimes des Pères et aux décrets des Conciles, ils instruisent sur toutes choses les fidèles avec soin, touchant l'intercession et l'invocation des saints, leur apprenant que les saints qui règnent avec Jésus-Christ, offrent à Dieu des prières pour les hommes; que c'est une chose bonne et utile de les invoquer et supplier humble-

ment, et d'avoir recours à leur aide et à leur assistance
pour obtenir des faveurs de Dieu, par son Fils Jésus-Christ,
notre Seigneur, qui est seul notre Sauveur ; et que ceux
qui nient qu'on doive invoquer les saints, qui jouissent
dans le ciel d'une félicité éternelle, ou qui soutiennent
que les saints ne prient pas Dieu pour les hommes, même
pour chacun en particulier, ou que c'est une chose qui
répugne à la parole de Dieu, ont tous des sentiments
contraires à la piété.

Frappé de sa profonde misère, l'homme a de justes
raisons de craindre qu'à cause de son indignité Dieu
n'exauce pas sa prière. C'est pour cela qu'il supplie les
saints, qui sont les puissants amis du Seigneur, de joindre
leurs sollicitations aux siennes. C'est ainsi qu'il agit, quand,
pour obtenir d'un grand de la terre quelque faveur
signalée, il fait présenter sa requête par une voix amie,
pour qu'elle soit plus favorablement accueillie.

Une mère, pendant sa vie mortelle, n'a pu fermer les
oreilles aux cris d'un enfant malheureux ; elle ne saurait
non plus, dans la splendeur des cieux, considérer d'un
œil indifférent ses dangers et ses alarmes.

Que Dieu se plaise à glorifier les pouvoirs des saints
auprès de Lui en exauçant leurs prières, les grâces extraordinaires, les bienfaits sans nombre, et les guérisons
mille et mille fois accordées à leur intercession en sont
une preuve éclatante.

Ici-bas, par l'ordre de Dieu, l'on rend des hommages aux
souverains, aux puissants de ce monde, au génie, à la
vertu. Il serait maudit, l'enfant dénaturé qui refuserait à
son père et à sa mère son amour et sa reconnaissance. Les
saints sont les amis de Dieu, les bienfaiteurs les plus

généreux, élevés au faîte de la gloire, assis sur des trônes, le front ceint d'un diadême. Ne serait-ce pas une impiété de leur refuser les honneurs, le respect, l'amour et la reconnaissance ?

Aussi l'Église, colonne et fondement de la vérité, depuis les temps apostoliques jusqu'à nos jours leur a rendu un culte religieux, a institué des fêtes à leur souvenir, célébré leurs vertus par des hymnes, leur a élevé des statues, bâti des temples et a consacré des autels en leur nom.

Ceux qui, pendant leur vie, dit saint Chrysostôme, ont été traînés avec violence çà et là, bafoués, emprisonnés, en butte aux plus cruels outrages, sont, après leur mort, plus honorés que les monarques eux-mêmes. Voyez, dans la cité royale de Rome, courir au sépulcre d'un pêcheur, d'un faiseur de tentes, sans nulle attention pour les empereurs, les consuls et les chefs d'armée ! Le maître auguste du plus noble empire dépose son diadême et prie humblement devant le tombeau du pêcheur Pierre !

Ce fut bien selon la pensée de Dieu que les Soulossois, dans les jours mauvais, implorèrent avec amour et confiance le saint qui les éclaira des lumières de la foi et les illustra par son martyre. Quelque temps après son glorieux trépas, ils érigèrent en son honneur, sur le lieu de sa sépulture, une chapelle qui fut détruite par les Barbares, mais qu'ils reconstruisirent immédiatement après leur passage. Elle devint bientôt très remarquable par les nombreux effets de la puissante intercession de saint Élophe. Le bruit de ses prodiges que nous ne connaissons, hélas ! que par la tradition, se répandit au loin, et de tous les côtés l'on vit accourir une multitude d'infortunés qui venaient demander au Bienheureux un remède à leurs misères.

CHAPITRE IV

MISSION DE L'EMPIRE ROMAIN. — CONVERSION DES FRANCS.
— INFLUENCE DE L'ÉGLISE SUR LES PEUPLES NOUVEAUX.
— SUZERAINETÉ DES FRANCS SUR LE TOULOIS. —
SOULOSSE. — HENRI-L'OISELEUR. — OTHON-LE-GRAND.

La chute de l'empire romain n'étonna personne. On s'y
attendait. Il avait fini son temps et accompli sa mission.
Plus que les anciens peuples, il avait contribué à fondre
ensemble toutes les nations et à les préparer à l'unité du
royaume du Christ. Comme la hache du bûcheron, il avait
rempli sa tâche, sans connaître la main qui le faisait mou-
voir. Quand il la connut, il se souleva contre elle en se
faisant adorer lui-même comme le dieu des nations, et en
enlevant à Jésus-Christ sa divinité, pour la prostituer à
ses empereurs.

Mais le Seigneur avait dit à son Fils : « Tu gouverneras
avec un sceptre de fer et tu briseras les puissants comme
un vase d'argile. » Aussi les empereurs romains, brisés
comme des vases d'argile au moindre choc, disparurent
comme des ombres vaines, et les dix cornes ou puissances
formées des débris de l'empire dont parle saint Jean, se
combattirent les unes les autres jusqu'à ce que le Christ
finît par les vaincre toutes, soit par la force, soit par la
douceur.

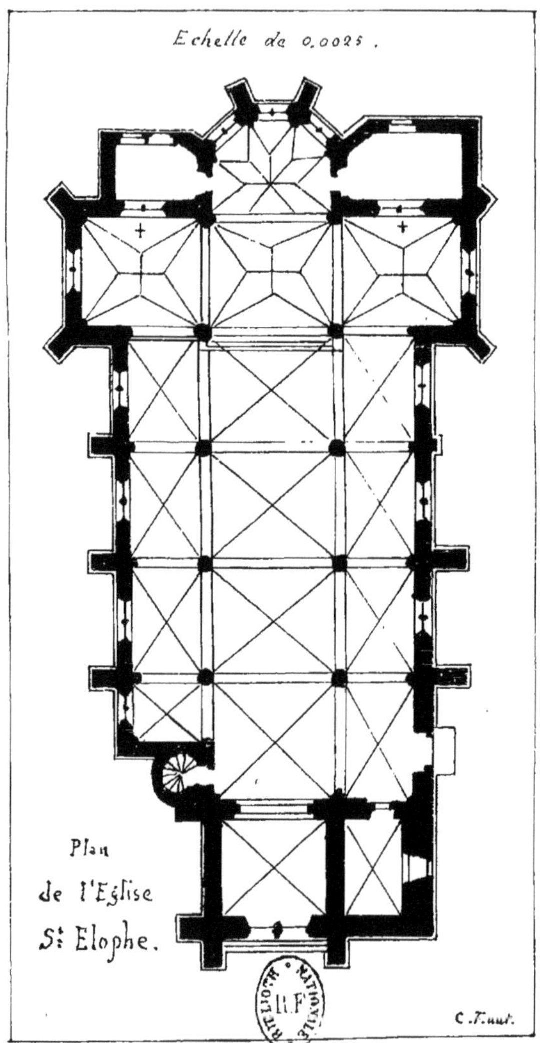

Echelle de 0.0025.
Plan
de l'Eglise
St Elophe.
C. Fontaine arch. del. 1875.

Les Francs furent les premiers qui cédèrent à la douceur
de la grâce. Premiers nés des peuples catholiques, première nation du monde nouveau, après quatorze siècles
de révolutions de toute espèce ils sont encore la gloire et
la consolation de l'Église.

Une des plus féroces nations de la Germanie, les Allemands s'étaient établis, les armes à la main, dans le pays
des Leuquois. Ils attaquèrent bientôt après les Francs
Ripuaires, paisibles possesseurs du territoire de Cologne.
Clovis, chef de la puissante et courageuse tribu des Francs
Saliens, courut à la défense de ses alliés et livra la bataille
à l'ennemi.

Son armée faiblissait, quand, au fort de la mêlée, dit
Monseigneur Freppel, dans les plaines de Tolbiac, le roi
des Francs jette vers le Dieu de Clotilde le cri de détresse.
Il écrivit alors sur la première page de notre histoire ce
qui la remplit tout entière. Il conclut, pour les siècles
futurs, ce pacte sublime où le Franc engageait son dévouement, et où Dieu promettait le succès. C'est ainsi que
le catholicisme naquit en France d'une prière et d'une
victoire. Les mains étendues sur les fonts baptismaux de
Rheims, Clovis, fidèle à ses vœux, et la nation française
avec lui, jurèrent de rester fidèles à Dieu et à son Église.

La conversion de Clovis répandit la joie dans le monde
chrétien, et attacha aux Francs les évêques et les
peuples de la Gaule. Sous le règne protecteur de ce puissant monarque, l'Église libre dans son action releva
les vaincus et adoucit la férocité des vainqueurs. Toujours
ardente à procurer l'union fraternelle des peuples, elle
parvint à les mélanger les uns avec les autres, dans une
seule vie sociale, et, malgré les efforts du paganisme

mourant, elle répandit sur eux une civilisation et des lois basées sur l'Évangile, le code le plus parfait de cette charité qui fait le bonheur des nations.

Le pays de Toul se soumit spontanément, jusqu'au dixième siècle, à l'autorité des rois francs, soit comme lieutenants des empereurs, soit comme maîtres absolus, jusqu'à ce que, sous le nom de Lorraine, il eut ses souverains indépendants. Il suivit et partagea les révolutions du royaume qu'ils avaient fondé.

Malgré les secousses les plus violentes l'Église de Toul resta debout, et la succession épiscopale ne fut pas interrompue. Ses évêques, comme tous les prélats du VIe siècle, préparèrent en silence la régénération dont les temps qui suivirent furent les témoins.

Solimariaca put réparer ses ruines, rétablir son commerce et conserver un rayon de son ancienne gloire. Ses maisons belles et nombreuses se répandirent le long de la vallée, sur les rives du Vair. Cette ville redevint assez considérable pour être mentionnée, en 870, dans les cartulaires, sous le nom de Pagus Solocensis (comté de Soulosse), un des plus remarquables de l'évêché de Toul.

C'était alors un lieu d'une importance qui devint plus grande encore, puisque sa juridiction s'étendait sur seize villes ou villages : Brixey, Aouze, Vicherey, Removille, le Châtelet, Châtenois, Neufchâteau, Pompierre, Lamothe, Bourmont, Bulgnéville, Lamarche, les abbayes de Bleurville, de Flabémont et de l'Étanche.

Cependant le tombeau de saint Élophe était toujours comme un lieu de refuge contre les maladies, les infirmités et les maux de toute nature. Le ciel avait parlé, de nombreux miracles avaient étendu au loin sa célébrité et révélé la puissance du grand Martyr. La terre demandait de le vénérer sur les autels, lorsque Dieu donna à son serviteur l'honneur le plus grand qu'il puisse accorder après celui du ciel.

Henri-l'Oiseleur, empereur d'Allemagne, soit en vertu d'une cession que le roi de France, Charles-le-Simple, lui fit de la Lorraine, soit pour d'autres motifs, entra dans cet état et s'en rendit maître sans verser une seule goutte de sang. Ce grand prince, si digne de porter la couronne, établit saint Gauzelin, évêque de Toul, souverain de la ville et du comté de ce nom. Il mourut en 936, laissant son fils Othon-le-Grand, héritier de son empire.

CHAPITRE V

SAINT GÉRARD EST ÉLU ÉVÊQUE DE TOUL. — SES VERTUS. — TRANSLATION. — SAINT GÉRARD LÈVE DE SON TOMBEAU LE CORPS DE SAINT ÉLOPHE. — POMPES DE CETTE CÉRÉMONIE. — DOULEUR DES SOULOSSOIS.

La mort de saint Gauzelin ayant laissé veuve l'Église de Toul, le clergé et le peuple de cette ville envoyèrent des députés à Brunon, archevêque de Cologne, lieutenant général de la Lorraine en l'absence de son frère Othon qui se trouvait alors en Italie, pour le prier de choisir, pour l'Église désolée, un époux qui pût remplacer dignement celui dont elle regrettait la perte à si juste titre.

L'archevêque assembla aussitôt son clergé, auquel il fit connaître la mort du saint prélat. Il exposa la nécessité de désigner à son choix un homme capable de remplir le siége d'une ville nouvellement unie à l'empire, et située sur les frontières du royaume de France.

Informé des talents, des vertus et de la modestie d'un saint prêtre élevé parmi les clercs de l'église de Saint-Pierre, nommé Gérard, né à Cologne d'une famille de haute noblesse, Brunon le tira du cloître où il croyait vivre inconnu et le préposa au gouvernement du diocèse orphelin.

Saint Gérard reçut la consécration épiscopale le 29 mars 963, et, quelques jours après, il prit possession de son évêché. De tous les évêques de Toul, même de ceux que l'Église a solennellement inscrits dans ses diptyques sacrés, il n'en est point qui brille d'un éclat plus grand que saint Gérard, dont l'épiscopat domine avec grandeur dans le lointain des âges. Son nom s'est d'autant plus popularisé que les principaux monuments dont la ville de Toul tire aujourd'hui sa gloire, et par lesquels elle conserve quelque importance, sont dus à sa généreuse inspiration.

Assidu à la prière, au travail, d'une pureté angélique, d'une charité inépuisable, il gouverna son peuple avec la tendresse d'un père, le dévouement et la fermeté d'un apôtre. Défenseur du pauvre et de l'orphelin, il fut inflexible contre les oppresseurs de ses sujets. Il n'hésita nullement à lancer l'excommunication contre des grands assez pervers pour chercher à flétrir la sainte renommée de son prédécesseur, et l'honneur de son propre ministère.

Il avait pour les reliques des saints une prudente

sollicitude, comptant sur leur intercession pour obtenir la grâce du Créateur suprême de toutes choses.

Animé d'un zèle ardent pour la beauté de la Maison de Dieu, il jeta les fondements de l'admirable cathédrale de Toul qu'il amena à un état de construction suffisant pour en faire la dédicace en 981. Il rendit à Dieu sa belle âme, en bénissant son peuple, le 22 avril 994.

En 1050 un des successeurs du saint prélat, Brunon comte de Dachsbourg, devenu Pape sous le nom de Léon IX, inscrit lui-même au catalogue des bienheureux, le canonisa solennellement au concile tenu à Rome contre l'hérétique Bérenger.

Tel fut l'illustre personnage que Dieu choisit pour placer sur les autels les débris sacrés du corps de saint Élophe, qui, depuis plus de six siècles, reposaient au lieu où les déposèrent les chrétiens de Soulosse le jour de son martyre.

La marque la plus éclatante de l'estime des vertus des bienheureux, la plus magnifique récompense de leur sainteté reconnue, comme le plus grand honneur que l'Église puisse leur accorder, c'est de transférer leurs reliques, en les tirant de leur tombeau, pour les exposer à la vénération des peuples. Cette religieuse translation est, selon saint Ambroise, une résurrection anticipée que la divine providence accorde aux âmes bienheureuses, pour satisfaire l'amour qu'elles conservent pour leurs corps.

Les joies qu'elles goûtent dans le ciel ne les empêchent pas d'avoir de l'inclination pour les précieux restes auxquels elles ont été unies, et qui ont servi d'instruments à leur sanctification. Ce n'est que pour contenter ce désir, dit saint Augustin, que l'Église a institué la cérémonie de la translation des reliques dans les solennités publiques. Comme les saints sont morts une infinité de fois par des mortifications volontaires, ils ressuscitent autant de fois que l'on porte leurs ossements en triomphe, et cet honneur les immortalise dans le souvenir de la postérité.

Ce fut dans ce dessein, que saint Gérard partit de Toul, pour venir à Soulosse lever de son tombeau le corps de saint Élophe, un des premiers martyrs de son diocèse. Ayant été lui-même l'heureux témoin des prodiges qui s'opéraient constamment par son intercession, il eut hâte de le livrer au culte public des fidèles.

Sa piété ne négligea rien pour donner à cette émouvante cérémonie toute la splendeur possible. Les prêtres et les seigneurs du voisinage s'empressèrent d'y assister. Il se fit un concours immense de toute la province, pour contempler les saints ossements de l'illustre martyr qui avait tant de fois comblé de ses faveurs ceux qui l'avaient invoqué. La petite chapelle eût en vain dilaté son étroite enceinte ; elle n'eût jamais pu contenir la foule innombrable qui encombrait la montagne.

Au chant des hymnes et des psaumes, tandis que la multitude adresse au ciel ses plus ferventes prières, la terre bénite est détournée, la lourde pierre qui couvre le sarcophage est enlevée, et saint Gérard, en habits pontificaux, recueille de ses mains épiscopales les ossements sacrés du grand martyr. Il les baise avec amour et respect, les place sur un riche tapis, et les expose à la vénération du peuple qui, les larmes aux yeux, pousse des cris de bonheur et rend gloire à Dieu.

Mais la joie de ce bon peuple ne fut pas de longue durée. Elle fit place à des larmes bien amères quand il vit saint Gérard emporter les restes vénérés de son protecteur, de son apôtre et de son Père, pour les transmettre à l'archevêque de Cologne. Le prélat sans doute pouvait avoir quelque intérêt à plaire à Brunon, qui était duc de Lorraine et frère du grand Othon, empereur d'Allemagne. Du reste, né à Cologne, il lui était permis encore de ne pas oublier sa patrie. Mais était-il bien nécessaire de ne laisser, au lieu même de son martyre, au lieu où se faisait un si grand concours de pèlerins, que quelques petits ossements de saint Élophe pour livrer tous les autres à une église si riche d'ailleurs en reliques très remarquables? Cet enlèvement déplorable a laissé des regrets que les siècles n'ont pu faire oublier, et l'église de Saint-Élophe soupirera toujours après l'inestimable trésor dont elle est si malheureusement dépouillée.

CHAPITRE VI

GLOIRE DES SAINTS APRÈS LEUR MORT. — RELIQUES. — HONNEURS QUE L'ÉGLISE LEUR A RENDUS TOUJOURS, SURTOUT AU MOYEN AGE. — PARTAGE DES OSSEMENTS DE SAINT ÉLOPHE.

La gloire des héros et des grands de ce monde finit avec leur vie. Souvent même l'on ne conserve pas le souvenir de ce qu'ils ont été ni de ce qu'ils ont fait. Il n'en est pas ainsi des saints. Leur gloire ne parait jamais avec plus d'éclat que lorsqu'ils ont cessé de vivre. C'est alors qu'on célèbre leurs fêtes, qu'on chante leurs louanges, qu'on leur offre l'encens, et qu'on réclame le crédit qu'ils ont auprès de Dieu.

Ces nobles créatures qui, par leurs grandes vertus, sont devenues l'honneur de l'humanité, et que l'Église a placées sur les autels, ont cependant subi la loi du péché et passé par les étreintes de la mort. Leurs âmes bienheureuses, en s'élevant vers Dieu pour jouir de son bonheur, ont laissé sur la terre leurs corps jusqu'au jour où la voix du Seigneur les rappellera à la vie.

L'Église a toujours environné d'un profond respect ces corps sacrés, qui doivent un jour briller comme des soleils dans le royaume des cieux. Que les fidèles, dit le concile de Trente, honorent les corps des martyrs et des autres saints qui vivent en Dieu. Ils ont été les membres vivants de Jésus-Christ, et les temples du Saint-Esprit. Ils ressusciteront pour la vie éternelle.

Le plus petit souvenir d'un ami, d'une âme qui fut chère, est un bien précieux. L'on conserve avec soin, dans les musées, le moindre objet laissé par un grand homme. Serait-il permis de négliger, comme une vile poussière, les débris vénérables de ces corps qui ont été les instruments d'actions si étonnantes? Aussi l'Église veille avec une sollicitude toute maternelle, sur ces ossements sacrés. C'est son trésor. Elle les enchâsse dans l'or, l'argent, la soie, les pierreries et n'en confie la garde qu'à ses évêques.

Il en fut ainsi dans tous les siècles. Saint Ignace d'Antioche est conduit à l'amphithéâtre. Le peuple accourt. Trajan le livre aux bêtes. Aussitôt, selon son désir, il est brisé, mis en pièces par deux lions et dévoré de telle sorte qu'il ne reste de son corps que les grands ossements. Ces reliques, recueillies avec respect et enveloppées dans un linge blanc, furent transportées à Antioche et conservées dans l'église comme un inestimable trésor.

Saint Polycarpe, évêque de Smyrne, debout sur son bûcher, vit les flammes destinées à le brûler, s'étendre autour de lui comme la voile d'un navire enflée par les vents. Il brillait comme l'or pur dans sa fournaise. Un coup d'épée acheva son martyre. Son corps fut brûlé; mais les chrétiens retirèrent ses ossements plus précieux que les pierreries, et les mirent dans un lieu convenable, où tous les ans ils se réunissaient pour fêter sa naissance immortelle.

Notre Seigneur Jésus-Christ, dit saint Jean Damascène, nous a donné les reliques des saints comme des sources salutaires d'où découlent sur nous beaucoup de bienfaits. Par elles les démons sont chassés, les maladies dissipées, les aveugles guéris et les tentations vaincues.

Dieu s'est partagé avec nous les martyrs, s'écrie saint Chrysostôme. Tandis qu'il appelle à lui les âmes, il nous adjuge les corps, afin que nous conservions leurs ossements sacrés au milieu de nous comme des stimulants de vertu. Celui qui contemple les armes ensanglantées d'un guerrier, son bouclier, sa lance, son baudrier, quelque peu qu'il ait de courage, se lève aussitôt enflammé d'une noble ardeur et vole au combat.

Ainsi l'aspect de ces saintes dépouilles est un trait de feu qui pénètre l'âme. Il en sort comme une voix secrète qui invite à l'imitation. Ces pieds marchèrent dans les sentiers de la vertu; ces mains furent toujours innocentes

et pures ; cette bouche ne s'ouvrit que pour louer Dieu et
bénir les hommes, et ces membres ne servirent qu'au
bien, à la charité.

Ces sages et pieux sentiments, basés sur la doctrine de
l'Église, avaient vivement saisi les esprits, surtout au
moyen âge. A nulle autre époque les saintes reliques ne
furent ni plus recherchées, ni plus vénérées.

Si l'église de Saint-Élophe eut l'inconsolable douleur
de voir s'éloigner les ossements de son Père, dont la possession eût fait son bonheur et sa gloire, elle eut du moins
la consolation de les voir constamment environnés d'une
profonde vénération, et, soit en France, soit en Allemagne,
comblés des honneurs les plus grands.

Widric, abbé de saint Epvre de Toul, qui écrivait la
vie de saint Gérard vers 1030, insinue que le saint prélat
fit trois parts du corps de saint Élophe. La plus considérable, composée de la tête et des grands ossements, fut
donnée à l'église de Cologne ; la deuxième est restée dans
l'église du Saint, et l'autre, l'os maxillaire inférieur, aurait
été transportée à Toul, dans l'Église cathédrale commencée par saint Gérard. Si respectable qu'elle fût par
elle-même, cette précieuse relique ne fixa jamais l'attention publique. Aucun historien n'en parle. Elle n'existe
plus. Selon toute vraisemblance, elle fut perdue, détruite
en 1793.

CHAPITRE VII

BRUNON PORTE A COLOGNE LES RELIQUES DE SAINT
   ÉLOPHE. — ELLES SONT VISITÉES PAR L'ARCHEVÊQUE
   HERMANN IV.

En 964 un concile fut tenu en Lorraine. Brunon y
assista. Ce fut sans doute alors que saint Gérard lui donna
les reliques de saint Élophe. Il les reçut et les vénéra
avec la plus tendre dévotion, et fut tout heureux de les
emporter à son retour. La ville de Cologne les accueillit
avec des transports de joie, et manifesta, pendant plusieurs
jours de fêtes, les sentiments de bonheur qu'elle
éprouvait.

L'illustre archevêque les déposa solennellement sous le
maître-autel de l'Église abbatiale du monastère de Saint-
Martin, de l'ordre de saint Benoît. Depuis lors, elles n'ont
cessé d'y être l'objet d'un culte particulier, et aucun
peuple n'eut pour saint Élophe une pareille dévotion, si
ce n'est la Lorraine, sa patrie, qui, dans ses prières publiques, l'a toujours associé aux grands pontifes qu'elle
invoque : *Sancte Eliphi, ora pro nobis !* (Saint Élophe,
priez pour nous !)

Ces saintes reliques furent plusieurs fois visitées
canoniquement par les archevêques de Cologne. Warin,
vers l'an 980, réédifia l'abbaye de Saint-Martin qui tombait
en ruines. Il plaça les ossements sacrés de saint Élophe

dans un coffret de bois armaturé de fer et scellé de son sceau, et les remit sous l'autel principal, dans un tombeau de la dimension de la châsse.

La plus remarquable de ces visites fut celle de l'archevêque Hermann IV, landgrave de Hesse. Il la fit d'une manière splendide, le dimanche, vingt-quatrième jour de juillet de l'année 1485. Il convient d'en rapporter le procès-verbal, parce qu'il indique les ossements qui furent transportés à Cologne, et la grande vénération dont ils étaient entourés dans ce vaste diocèse.

« Hermann, par la grâce de Dieu, archevêque de la sainte église de Cologne, grand chancelier du saint empire romain dans l'Italie, prince électeur, duc de Westphalie, etc., etc., à tous les fidèles du Christ, présents et à venir, à qui ces présentes parviendront, salut dans le Seigneur.

« Dieu manifeste son honneur, sa gloire et sa majesté dans ses saints, dans ses élus ; mais il l'a fait plus particulièrement encore dans les étonnants mérites du grand martyr saint Élophe. Admirable dans ses œuvres, il combla d'honneurs ce martyr, objet de sa tendresse. Par les prodiges de sa passion, il daigna montrer à quelle récompense et à quelle gloire il le destinait dans son royaume. »

Le grand prélat décrit ensuite les évènements miraculeux de la mort du bienheureux, tels qu'ils ont été rapportés précédemment, puis il continue :

« Nous avons voulu rappeler ces faits à votre souvenir, et, par ces présentes, nous vous faisons connaître que le vénérable et bien-aimé Adam, abbé de l'insigne monastère de St-Martin de Cologne, de l'ordre de saint Benoit, Nous a souvent sollicité, avec affection, par ses pieuses et humbles prières, d'ouvrir le tombeau des reliques de l'illustre Martyr, dont notre prédécesseur, de bonne mémoire, Brunon, archevêque de Cologne, a doté ce monastère, parce que l'on rapportait que le corps ou les ossements de saint Élophe n'avaient pas été transportés intégralement audit monastère ; mais que la tête se trouvait dans l'église cathédrale d'Utrecht.

« Entraîné par une tendre dévotion pour l'illustre Martyr du Christ, et cédant aux pieux désirs de l'abbé Adam et de ses confrères, le dimanche, vigile de saint Jacques, à l'heure de Prime, Nous nous sommes établi au monastère de Saint-Martin, avec Adam et sa communauté, avec les vénérables et bien-aimés religieux, les abbés Antoine de Saint-Ludger, de Verden, en notre diocèse de Cologne, Melchior de Schonaw, au diocèse de Trèves, avec l'abbé de Steinfeldt, de l'ordre des Prémontrés, en notre diocèse, et les honorables Jean Glappe et Jean N......, nos chapelains et chanoines de l'église collégiale de Saint-Cassin de Bonn.

« Pour l'honneur du Dieu tout-puissant et la gloire de saint Élophe, Nous avons fait ouvrir le tombeau du saint Martyr, et de nos propres mains, Nous en avons retiré un coffret de bois, de la longueur à peu près du sépulcre, bien ferré et scellé du sceau de notre prédécesseur Warin, de pieuse mémoire.

« Ce sceau, parfaitement conservé, Nous l'avons rompu de nos mains, et, au nom du Seigneur, Nous avons ouvert la cassette avec un profond respect, et là, comme nous l'avions entendu, Nous avons vu, dans la joie de Notre âme et une grande allégresse, le corps de l'illustre Martyr, sa tête, sauf l'os maxillaire inférieur, et ses autres précieux ossements. Nous y avons trouvé aussi ces paroles écrites en caractères antiques : *Élophe, admirable Martyr du Christ.*

« Qu'il était glorieux, qu'il était doux, qu'il était agréable de contempler les membres si beaux de l'admirable et saint Martyr de Jésus-Christ ! Qu'elle était grande la dévotion des religieux du monastère de Saint-Martin ! Quelles actions de grâces ils rendirent à la bonté divine, à l'heureux aspect de leur grand Patron, habitant du ciel, ami de Dieu et glorieux possesseur de l'éternelle béatitude !

« Tout ceci terminé solennellement, Nous avons remis toutes les reliques avec l'écrit dans le coffret de bois. Nous l'avons fermé et scellé de Notre sceau secret, de Notre propre main, et fait replacer dans son tombeau.

« Les Religieux ont ensuite, par une messe solennelle en l'honneur de Dieu et à la gloire de saint Élophe, son admirable Martyr, rendu toutes sortes d'actions de grâces au Roi de Gloire, dispensateur de tous biens, qui a daigné enrichir et orner leur monastère d'un trésor si remarquable.

« Furent présents aussi noble et fidèle Henri, comte de Nassau et seigneur de Bilestein, et vénérable Hendricus de Tigilen, docteur en médecine et bachelier en théologie, notre bien-aimé conseiller.

« En foi et témoignage de tout quoi, Nous avons dressé ce procès-verbal, et l'avons scellé de notre sceau. Donné le jour susdit de l'année 1485. »

Cette visite accomplie avec une magnificence et une sagesse si remarquable, cinq siècles après celle de l'archevêque Warin, combla les désirs des Religieux de Saint-Martin, et dissipa pour toujours leurs inquiétudes au sujet des prétentions de la cathédrale d'Utrecht. Un savant docteur en médecine, homme vénérable *(venerabilis Hendricus)* et profondément versé dans la science anatomique, put examiner, comparer les saints ossements, et constater l'identité de la personne à laquelle ils appartinrent. Aussi nul doute ne s'éleva jamais, dans la suite, sur l'authenticité de ces précieuses reliques qui, pendant près de trois siècles, restèrent où les plaça l'archevêque Hermann, toujours l'objet de la vénération des fidèles, jusqu'à ce qu'elles furent visitées une troisième fois, à l'occasion de la demande de Mme la comtesse de Taxis, née de Lignéville, le 14 mai 1763.

CHAPITRE VIII

MME LA COMTESSE DE TAXIS OBTIENT DE L'ARCHEVÊQUE DE COLOGNE, POUR LA VILLE DE NEUFCHATEAU, UNE RELIQUE INSIGNE DE SAINT ÉLOPHE. — RÉCIT OFFICIEL DE LA VISITE DES RELIQUES DU SAINT MARTYR A CETTE OCCASION.

Mme Élisabeth-Charlotte, née comtesse de Lignéville et du Saint-Empire, dame du palais de son altesse Mme Elisabeth-Charlotte d'Orléans, duchesse de Lorraine et de Bar, dame de Rimbourg, Berkendorff et douairière de haut et puissant seigneur, Messire Jean-Jacques, chevalier, comte de Taxis et du Saint-Empire, premier ambassadeur de leurs altesses royales Léopold Ier, de glorieuse mémoire.

et François III, ducs de Lorraine et de Bar, seigneur de Landaville, etc., avait toujours eu pour saint Élophe la dévotion la plus affectueuse.

La noble dame ne faisait d'ailleurs que partager, avec Neufchâteau qu'elle habitait, la confiance due si justement à l'intercession du grand Martyr. Cette ville, non contente de recourir dans ses moments de détresse à la châsse du Saint, avait plusieurs fois sollicité le bonheur de posséder dans ses murs quelques-unes de ses reliques.

Mais la paroisse de Saint-Élophe n'avait jamais pu se résoudre à se dessaisir de la plus petite parcelle de son trésor déjà, hélas! si amoindri. L'illustre comtesse, qui avait choisi l'église de Saint-Nicolas pour le lieu de sa sépulture, résolut, avant de mourir, de satisfaire au pieux désir de la ville et de lui laisser ce témoignage de sa tendresse.

Elle usa, pour obtenir cette faveur, du grand prestige de son nom. Elle adressa sa demande au prince-électeur Clément-Auguste, archevêque de Cologne. Touché des sentiments religieux de la noble dame, celui-ci s'empressa de lui faire les plus belles et les plus gracieuses promesses. Mais, prévenu par la mort, il laissa le soin d'effectuer ses engagements à son successeur le prince-électeur Maximilien-Frédéric.

Mais ici encore, rien ne peut faire mieux connaître ce grand événement que le récit qui en fut fait par ordre de son altesse électorale de Cologne dont voici la traduction certifiée exacte par Lemoine, prêtre habitué de l'église de Saint-Nicolas de Neufchâteau, chargé par la comtesse de Taxis de déposer l'original latin dans la châsse, avec les autres pièces authentiques :

« Au nom du Père et du Fils et du Saint-Esprit. Ainsi soit-il. A tous ceux qui ce présent acte de translation des reliques du glorieux Martyr saint Élophe verront, Salut.

» Savoir faisons que, l'an 1763, Indiction XIe, la cinquième année du Pontificat de notre Saint-Père le Pape Clément XIII, et la dix-septième année de Sa Majesté François 1er, empereur des Romains, toujours Auguste, le samedi d'après l'Ascension, 14e jour de mai, haute et puissante et excellente Dame, Madame Elisabeth-Charlotte, née comtesse de Lignéville, comtesse douairière de Taxis, brûlant du désir d'augmenter de plus en plus la gloire de Dieu, dans la vénération de ses Saints, et spécialement du glorieux Martyr saint Élophe, natif de Lorraine, près de la ville de Neufchâteau, d'un village qui est aussi le lieu de son martyre, et pour entretenir la dévotion fervente que cette ville et tous les Lorrains ont toujours montrée envers leur saint compatriote, et la confiance qu'ils ont en lui dans les calamités publiques, aurait supplié très humblement son altesse électorale de Cologne, le prince Maximilien-Frédéric, de lui accorder la permission de remporter dans sa patrie des reliques du Bienheureux saint Élophe, pour étendre le culte de ce saint athlète.

» Son altesse la lui a accordée et fait expédier des lettres de concession par son grand-vicaire, le 31 août 1762, lesquelles il a renouvelées le 23 mars 1763, après avoir pris le consentement du très vénérable Dom Sébastien Schmitz, abbé bénédictin de Saint-Martin majeur, de la congrégation de Bursfelden, dans l'église de laquelle abbaye repose le précieux corps du Saint qui lui a été donné depuis plusieurs siècles par Brunon, archevêque.

» Ledit jour, 14 mai, deux heures après midi, je soussigné protonotaire de l'officialité, établi commissaire pour l'acte dont s'agit, par un rescrit du 31 août 1762, m'étant transporté dans l'église de l'abbaye de Saint-Martin majeur, aurais trouvé le vénérable Dom Jean Felten, abbé de Saint-Pantaléon, abbaye célèbre de l'ordre de saint Benoît, et de la congrégation de Bursfelden, mandé par le vénérable et illustre vicaire-général, pour suppléer à ses fonctions, en étant lui-même empêché pour cause de maladie ; j'aurais aussi trouvé, chez l'illustre abbé Dom Sébastien Schmitz, M. Joseph-Mathias Delboël, docteur en médecine et professeur d'anatomie, le R. P. Prieur de la Maison et tous les Religieux, et MM. René Veith, Guillaume Becker et Antoine Veith, commerçants, appelés pour servir de témoins.

» Après les vêpres de la communauté, nous nous sommes approchés de la tombe d'argent qui est au milieu du chœur. Elle était environnée de cierges allumés. Les deux vénérables abbés, en habits pontificaux, les Religieux, ayant chacun un cierge à la main, formaient une haie à chaque côté, et chantaient alternativement des psaumes et des hymnes des martyrs.

» A l'instant la tombe d'argent a été levée et placée sur une table dressée auprès. Lorsque le second couvercle a été levé, on a vu un petit coffret de bois, presque de la même longueur que la tombe, scellé du cachet de Hermann, d'heureuse mémoire, archevêque de Cologne, lequel était bien entier et avait été apposé, l'an 1485, la veille de saint Jacques.

» Ce coffret était garni de vieux ferrements. Nous les avons ôtés, et nous avons trouvé, à la grande satisfaction des assistants, tous les respectables ossements du glorieux martyr saint Élophe, conservés par le Seigneur depuis tant de siècles, avec la tête, à laquelle il ne manque qu'une petite partie de la mâchoire, le tout enveloppé dans une toile de lin semée de taches bleues, et dessus était écrit en lettres gothiques : *Le précieux martyr du Christ, Élophe.* A quoi j'ai ajouté, pour l'instruction de la postérité, l'inscription suivante : « L'an 1763, le 14 mai, a été tiré de la tombe du Bienheureux martyr saint Élophe, par la permission de son altesse Maximilien-Frédéric, archevêque et électeur de Cologne, le péroné de la jambe gauche, et a été envoyé en Lorraine, et donné à la ville de Neufchâteau, à la prière de la comtesse de Lignéville, comtesse douairière de Taxis.

» Après quoi le très vénérable Dom commissaire a choisi un os d'environ un pied neuf pouces que le sieur Delboël, docteur-médecin, a dit être le péroné de la jambe gauche. Il a été porté sur l'autel dans un voile de soie blanche, où je l'ai cacheté aux deux extrémités du sceau du très vénérable abbé de Saint-Martin. Puis il a enveloppé, avec un profond respect, les autres ossements aussi dans un voile de soie blanche, sur lequel il a mis un papier. Nous les avons remis dans le même coffre de bois que nous avons fermé à la clef, et ceint d'un cordon de lin que nous avons scellé aux deux extrémités et au milieu du sceau de notre Archevêque prince-électeur, qui avait été confié à cet effet par son altesse, et nous l'avons placé dans la tombe d'argent, au chant du *Te Deum,* tandis que le vénérable abbé de la Maison enfermait dans le tabernacle du maître-autel, la portion destinée pour la Dame, jusqu'à ce qu'elle pourra la transporter dans sa patrie avec la décence convenable.....

» Je soussigné Jacques Le Duc, prêtre, protonotaire de l'officialité de Cologne, ai assisté à toutes ces cérémonies en qualité de commissaire délégué, et accompagné des témoins ci-dessus dénommés. Ces cérémonies se sont passées comme il vient d'être rapporté. J'ai tout entendu et vu comme il est énoncé et j'ai signé le présent authentique pour en perpétuer la mémoire, et y ai apposé mon cachet.....

. . . .

» Pierre Guervin de Franken-Sierstroff, vicaire-général du diocèse de Cologne, savoir faisons que le très vénérable Dom Jean Felten, de l'ordre de saint Benoît, abbé de Saint-Pantaléon, a présidé en notre nom à cette cérémonie et, de plus, attestons que le sieur Le Duc est connu, comme il s'est qualifié dans le présent acte, protonotaire de l'officialité, et délégué, pour la cérémonie, par son altesse électorale et que ses écrits auront force tant en justice qu'autrement. »

CHAPITRE IX

LES NOTABLES DE SAINT-NICOLAS SE RENDENT A COLOGNE.
— ILS REÇOIVENT LA SAINTE RELIQUE. — ILS LA
RAPPORTENT A NEUFCHATEAU. — ELLE EST SOLEN-
NELLEMENT PLACÉE DANS UNE CHASSE. — ELLE EST
CONSERVÉE EN 93. — INSPECTÉE OFFICIELLEMENT. —
ORDONNANCE D'AUTHENTICITÉ.

Le 20 juin 1763, se présenta devant l'archevêque
prince-électeur, avec les notables de la paroisse de Saint-
Nicolas de Neufchâteau, Edme-Gabriel de Clermont,
ancien intendant de son altesse le duc d'Elbeuf, comme
délégué de très illustre Dame Charlotte de Lignéville,
comtesse douairière de Taxis, pour transporter dans son
pays le précieux ossement qui avait été tiré le 14 mai,
avec la permission de son altesse électorale, de la tombe
du martyr saint Élophe.

Pour preuve de sa mission, il produisit un acte authentique reçu le 5 juin précédent de Maître Claude Oget,
tabellion royal, résidant à Neufchâteau, et signé de André
Cacheux, curé de Landaville, et de Joseph-Chrysostôme
Lemoine, prêtre habitué, par lequel « ladite Dame
comtesse donne à perpétuité ladite relique à l'église de
Saint-Nicolas, comme étant sa paroisse et le lieu destiné
pour sa sépulture. »

Enfin, deux jours après, on prépara une boîte en fer-

blanc revêtue à l'intérieur d'une étoffe de soie très propre.
Pour plus de sûreté, on la mit dans une autre en bois. A
onze heures, le très vénérable Dom Jean Felten, abbé
bénédictin de Saint-Pantaléon, se rendit à l'église majeure
de Saint-Martin avec les députés lorrains, et là, en présence
du Prieur et des Religieux de l'abbaye et de plusieurs
prêtres du diocèse, au nom du vicaire-général, il tira la
relique du glorieux saint Élophe du tabernacle du maître-
autel où elle avait été déposée le 14 mai, la mit dans la
boîte en fer-blanc destinée à cet effet, la remplit de coton
et de soie dans la crainte que le saint ossement ne fût
endommagé dans le voyage, et la scella aux deux bouts
du sceau de l'officialité. Pendant la cérémonie, les
Religieux, un cierge à la main, chantaient des psaumes
et des hymnes en l'honneur du glorieux Martyr.

Les autres ossements vénérables du grand saint Élophe
demeurèrent dans leur tombe d'argent, au maître-autel de
l'église abbatiale de Saint-Martin jusqu'en 1789. En cette
année, Dom Adam Roselle, abbé de ce monastère, mit
à exécution le projet qu'il avait formé depuis longtemps
de renouveler, de changer et d'orner magnifiquement son
église, œuvre de l'archevêque Warin.

Tous les anciens autels, au nombre de onze, furent
détruits. Il en construisit, dans la nouvelle église, cinq qui
furent consacrés en 1791. C'est dans un de ces autels, celui
de sainte Catherine, qu'il déposa les précieuses reliques
de saint Élophe. Mais la châsse ne fut pas ouverte, et,
aujourd'hui encore, elle demeure telle qu'elle sortit des
mains du vénérable Dom Jean Felten, abbé bénédictin de
Saint-Pantaléon.

Si les lieux qui ont vu le martyre de saint Élophe n'ont

plus, hélas! l'espérance de revoir jamais les grands ossements du Bienheureux, au moins, que le Seigneur daigne les préserver de la fureur des protestants, et qu'ils soient pour l'église de Cologne, sous la domination prussienne, une cause de salut en y conservant la foi catholique, pour laquelle il a versé son sang. Aujourd'hui, l'Archevêque, digne successeur des Brunon, des Hermann, des Maximilien, est dans les fers. Dans ces temps misérables, il fait la joie et la gloire de l'Église. La céleste influence de saint Élophe n'est pas, sans doute, étrangère à l'héroïque courage du noble prisonnier de Jésus-Christ.

Gabriel de Clermont et les notables de la paroisse de Saint-Nicolas, députés par la comtesse douairière de Taxis, heureux du succès de leur mission, revinrent en Lorraine avec leur précieux trésor. Avertis de leur prochaine arrivée, les habitants de Neufchâteau coururent à leur rencontre, et la relique de saint Élophe, accueillie avec des transports de joie, fut portée en triomphe à l'église le 7 Juillet.

Une châsse d'une grande richesse, commandée par Messire de Bræux, exécutée par C. Barbillon, fut préparée pour la recevoir. Le 18 octobre, en présence des châteliers Charles Renard et Paul Picquot, Messire Philippe-François Mouginot de Noncourt, docteur en théologie et curé de Saint-Nicolas, spécialement délégué par Mgr Drouas, évêque de Toul, avec ordre de se faire assister d'un médecin recommandable, l'y enferma en grande cérémonie au milieu de ses paroissiens, après avoir constaté la vérité et l'intégrité des sceaux apposés à Cologne. Depuis lors elle ne cessa d'être l'objet de la vénération des fidèles, et, jusqu'à la Révolution, on ne négligea aucune précaution canonique pour en conserver l'authenticité.

A cette époque si fatale aux saintes reliques, le précieux ossement put échapper au naufrage où tant d'autres périrent. Les hommes pervers de ces temps mauvais pillèrent les lames d'argent qui ornaient la châsse ; mais la relique fut recueillie par des familles honnêtes et pieuses qui en prirent un soin minutieux. L'abbé Remy, curé de la paroisse depuis plus de vingt ans, chanoine honoraire, connut leur dévouement religieux, et sur leur témoignage, put affirmer sous la foi du serment, sa parfaite identité.

Réintégrée dans sa châsse fermant à double clef, elle s'est trouvée dès-lors à l'abri de toute substitution. Elle a constamment reçu les honneurs d'un culte public et solennel, et jamais le moindre doute ne s'est élevé sur son authenticité.

M. Claudot (Constant), docteur-médecin, demeurant à Neufchâteau, chargé officiellement de dresser un procès-verbal sur l'état du saint ossement, par M. l'abbé Deblaye, curé de Sainte-Hélène, délégué épiscopal pour la visite des saintes reliques du diocèse de Saint-Dié, le fit en ces termes :

« Le 3 juin 1851, j'ai, docteur-médecin soussigné, visité un ossement attribué à saint Élophe, enfermé dans une châsse déposée en l'église de Saint-Nicolas de Neufchâteau, et l'ai trouvé dans l'état suivant : Péroné gauche, long de 0, 40 centimètres, légèrement altéré dans ses deux épiphyses, dont le tissu compact, détruit dans une certaine étendue, laisse apercevoir les alvéoles. La diaphyse de l'os est enduite d'une substance blanche évidemment calcaire. L'os est parfaitement conservé. Il provient d'un homme de haute taille, arrivé à l'âge adulte de 25 à 30 ans. »

Ces indications concordent parfaitement, soit avec les

actes de tradition de la sainte relique à l'église de Saint-Nicolas, soit avec les autres données fournies par l'examen des ossements conservés dans l'église de Saint-Élophe, soit enfin avec l'histoire du saint Martyr.

Aussi Mgr Caverot, actuellement évêque de Saint-Dié, après avoir étudié sérieusement le savant rapport de M. l'abbé Deblaye, chargé officiellement de l'examen de cette relique insigne, et pesé mûrement toutes les preuves qui en forment l'appui, n'hésita nullement à porter son ordonnance de déclaration d'authenticité le 4 juin 1851 :

« Louis-Marie-Joseph-Eusèbe Caverot, par la miséricorde divine et la grâce du Saint-Siége apostolique, évêque de Saint-Dié, à tous ceux qui ces présentes verront, Salut et bénédiction en notre Seigneur Jésus-Christ.

» Le saint nom de Dieu invoqué,

» Avons déclaré et déclarons, par ces présentes, vrai, certain, authentique, appartenant au corps de saint Élophe, martyr, et par conséquent digne d'un culte public, le péroné gauche, conservé dans l'église de Saint-Nicolas de Neufchâteau. Nous avons apposé notre sceau sur les deux cordonnets d'or fixant la sainte relique à ses deux extrémités sur un coussin revêtu de soie rouge, broché d'or.

» Fait à Neufchâteau, le 4 juin 1851, en présence de MM. Jean-Baptiste Gérard, notre vicaire-général, Quirin Remy, curé de Saint-Nicolas, Jean-François Deblaye, curé de Sainte-Hélène, témoins soussignés. »

Ce précieux ossement se trouve encore dans l'ancienne châsse commandée par Messire de Braux en 1763. Mais dépouillée par la Révolution des lames d'argent qui représentaient les insignes du martyre et qui en faisaient la richesse, elle tombe de vétusté et n'est plus digne d'une relique si remarquable.

Il est à croire que la paroisse de Saint-Nicolas, qui, sous l'intelligente direction de son curé, a réparé sa belle église avec tant de zèle et de goût, saura aussi placer dans une châsse d'un style convenable et d'une richesse proportionnée au trésor qu'elle contient, la sainte relique du Bienheureux qui est devenu son patron secondaire.

CHAPITRE X

CULTE DU SAINT MARTYR A SAINT-ÉLOPHE. — SITUATION PÉRILLEUSE DE LA LORRAINE. — SES MALHEURS DANS LES GUERRES SOIT GÉNÉRALES SOIT PARTICULIÈRES. — L'ÉGLISE DE ST-ÉLOPHE EST DÉTRUITE. — CHARLES II. — MARGUERITE DE BAVIÈRE. — ÉMINENTES VERTUS DE CETTE PRINCESSE. — ELLE CONSTRUIT L'ÉGLISE ACTUELLE DE ST-ÉLOPHE.

Si la ville de Cologne et celle de Neufchâteau sont heureuses de posséder des reliques du saint Martyr de Soulosse et de leur rendre un culte solennel, il est facile de comprendre que ce fut principalement dans la paroisse de Saint-Élophe que l'on dut honorer d'une manière spéciale les saints-ossements du Bienheureux. Le lieu de son martyre, le pays qu'il habita, les sentiers qu'il suivit, les monuments qui attestent les prodiges de sa mort glorieuse, rendent le souvenir du Saint bien plus vivant.

Le petit oratoire que les fidèles érigèrent à plusieurs reprises sur son tombeau parut trop misérable. Il était devenu le but d'un grand pèlerinage. Les habitants de la Lorraine, du Barrois, de la Franche-Comté et de la Champagne y venaient en foule pour invoquer le saint Martyr contre les maladies, les intempéries des saisons, les épidémies et les malheurs publics.

Vers le onzième siècle, les évêques de Toul et sans doute aussi les populations voisines, le remplacèrent par une petite basilique dont les auteurs anciens font le plus grand éloge. Bien différente de l'église d'aujourd'hui, elle en avait à peu près les dimensions. Les petits ossements de saint Élophe, laissés par saint Gérard, y furent enfermés dans une châsse d'une beauté et d'une richesse en rapport avec la dévotion de ces temps de foi.

La Lorraine, si intéressante d'ailleurs, placée entre le royaume de France et l'empire germanique, eut toujours à souffrir des rivalités de ses puissants voisins. Ses ducs, que leur origine et leurs intérêts rattachaient à l'empire d'Allemagne plutôt qu'à la France, prirent part aux affaires des deux pays et l'exposèrent de la sorte à mille désagréments et à mille dangers qu'ils eussent évités si, remplissant leurs devoirs féodaux envers la France, ils fussent restés plus intimement liés à l'empire, dont leurs états faisaient partie.

S'ils paraissaient soutenir la France, l'Allemagne leur envoyait aussitôt ses perpétuels dévastateurs ; s'ils favorisaient l'Allemagne, le royaume de France leur faisait sentir le poids de son mécontentement.

Les comtes, les barons et les autres seigneurs du second ordre avaient constamment les armes à la main. Dans leurs forteresses féodales, plusieurs vivaient comme de véritables brigands, pillant, ravageant le plat pays et se faisant réciproquement une guerre cruelle et ruineuse.

Pendant ces guerres terribles, soit générales soit particulières, les malheureux habitants des campagnes, surpris à l'improviste, n'avaient pour refuge que les églises où ils se jetaient, non-seulement pour implorer l'aide de Dieu et de ses Saints, mais encore pour se soustraire à la servitude et à la mort, tandis que leurs champs, leurs vignes étaient dévastés et leurs maisons brûlées.

Les églises devenaient alors comme des citadelles qui, dérrière leurs fortes murailles, leurs armatures de fer, dérobaient les hommes, les femmes, les enfants et le peu qu'ils pouvaient emporter, à la fureur de leurs ennemis. Elles avaient à subir de véritables siéges, où elles éprouvaient souvent de fortes dégradations. Elles perdaient, tantôt un pan de muraille, tantôt une voûte, tantôt un ornement. De là ces réparations partielles et bizarres qui nous paraissent inexplicables.

A cause de leurs guerres continuelles, les ducs de Lorraine, soit comme bénéficiaires de la France depuis 911, soit comme souverains héréditaires depuis 1048, ont eu à subir dans le Toulois bien des ravages et des dévastations.

Ainsi Gislebert contre Louis IV d'Outre-Mer, en 938, Thiébaut Ier en 1218, Mathieu II en 1229, dans leurs démêlés avec le comte de Bar, Henri II et Blanche de Navarre, comtesse de Champagne, le couvrirent de ruines.

Ferry IV, en 1315, combat pour Frédéric-le-Beau contre Louis de Bavière qui lui disputait l'empire. Il est vaincu et enfermé dans le château de Trausnitz. Pendant sa captivité, les seigneurs, ses sujets, cherchent à s'enrichir aux dépens les uns des autres, pillent et incendient un grand nombre de villages.

En 1363, des bandes de brigands appelés *bretons*, *routiers*, auxquels vint se réunir tout ce que le pays renfermait de scélérats, *gens sans aveu, maulvais garsons, mauldits chiens enraigiés*, au nombre de plus de 40,000, sous la conduite du fameux Arnauld de Cervolle, parcoururent la Lorraine, mettant tout à feu et à sang, selon leurs caprices, s'emparant des châteaux, brûlant les églises et se livrant aux excès les plus horribles. Jean Ier ne put exterminer ces infâmes aventuriers, après plusieurs années de lutte, qu'avec le secours des armes du roi de France.

Charles II, en 1393, épousa Marguerite de Bavière, fille de Robert, électeur-palatin, et depuis roi des Romains. Par des chevauchées fréquentes, que ce duc était loin de blâmer, les seigneurs de Châtenois, de Neufchâteau et des environs, avaient ravagé les frontières de la France et de la Champagne. Robert, comte de Bar, avec trois mille Français, tira une éclatante vengeance de ces brigandages, en malmenant très fort le pays de Toul.

A laquelle de ces lamentables époques faut-il rapporter la ruine de la petite basilique élevée sur le tombeau de saint Élophe? Aucun historien ne nous l'apprend. Il est certain qu'elle était détruite dans les premières années du règne de Charles II. Il n'en restait plus que la tour, qui existe encore, et dont la solide construction a pu résister à la flamme et au temps.

Marguerite de Bavière fut la princesse la plus vertueuse de son siècle. Dévouée à son mari qu'elle aimait tendrement, elle obtint pour lui plusieurs victoires par ses ferventes prières. A la bataille de Pont-à-Mousson, les seigneurs révoltés furent vaincus par le duc Charles II. Ils déclarèrent que pendant le combat, ils avaient vu à la tête de l'armée lorraine, la duchesse Marguerite, avec un visage si terrible et si éclatant, qu'ils n'avaient pu en soutenir la vue. Cependant la duchesse n'était pas sortie de son oratoire, où elle demandait à Dieu la conservation de son époux. Elle pacifiait les démêlés, étouffait les querelles, et son bonheur était de combler de biens ses sujets.

Malgré de si éminentes vertus, Charles l'affligea par sa criminelle liaison avec Alison, fille de naissance honteuse mais de ravissante beauté et de grand esprit. Il en eut cinq enfants. Les généreuses et fermes paroles de Jeanne-d'Arc ne purent rompre ces liens malheureux, qui ne furent brisés que par la mort.

Marguerite ne cessa de multiplier pour lui ses prières et ses œuvres de miséricorde. La noble duchesse mourut en 1434, et fut inhumée dans l'église ducale de Saint-Georges à Nancy.

Ce fut cette illustre et sainte femme que Dieu choisit pour construire, en 1426, la belle église de saint Élophe, qui existe encore de nos jours.

CHAPITRE XI

DESCRIPTION DE L'ÉGLISE DE SAINT-ÉLOPHE.

C'est sur le bord du plateau qui domine la vallée du Vair, dans le lieu sacré que le glorieux Martyr désigna pour sa sépulture, sur son tombeau même, au milieu de quelques ruines romaines, que la noble duchesse fit élever sa belle église en l'honneur de saint Élophe.

Son plan forme la croix latine. Sa nef principale est accompagnée de deux nefs latérales, moins élevées, qui cessent tout-à-coup au transept dont les voûtes latérales s'élèvent à la hauteur de la grande nef qui se prolonge jusqu'à l'abside.

Toute l'église, excepté la tour, a été construite à la même époque. Elle est homogène et appartient en entier au style ogival-flamboyant. Ce style y est caractérisé par la forme des nervures qui sont, en général, prismatiques et très anguleuses, par l'absence de chapiteaux, par l'enlacement et la multiplicité des nervures qui sillonnent les voûtes, par les pendentifs qui décorent leur point de réunion, et enfin par les meneaux qui partagent la partie supérieure des fenêtres.

Le vaisseau est formé de cinq travées y compris celle du transept. Il a de longueur 34 mètres et 12 mètres 50 de largeur. Le transept se recule de 2 mètres de chaque côté. Les voûtes sont supportées par des piliers ronds et forts.

L'abside pentagonale est percée de cinq fenêtres, qui, comme celles du transept, ont toute la hauteur de l'édifice. Chacune des extrémités du transept est éclairée par une fenêtre. Deux autres forment le couronnement du retable des petits autels, et s'ouvrent vis-à-vis les nefs collatérales. Celles-ci ont aussi une fenêtre à chaque travée. Elles sont en ogive évasée, divisées en rosaces à quatre feuilles, en cœur ou en flammes, par des meneaux dont les angles sont très aigus.

Deux portes, autrefois carrées et fort simples maintenant, en ogive et richement sculptées, conduisent du sanctuaire dans les sacristies.

Un escalier de trois marches élève le niveau du transept au-dessus de celui des nefs.

C'est au milieu du transept que se trouve le tombeau de saint Élophe tel qu'il est décrit plus loin. Ses ornements sont de l'époque de la construction de l'église. L'habile et pieux artiste, au ciseau duquel ils sont dus, n'est plus connu que de Dieu.

Comme il était important de soustraire la châsse des saintes Reliques au vol, aux profanations, on construisit près de la tour, du côté de l'épître, une chapelle de petites dimensions, mais richement ornée.

Inférieure au niveau de l'église, elle forme une sorte de crypte, ou plutôt de forteresse. Une porte en bois aux chambranles de fer, puis une porte en fer à claire-voie, à double serrure, en défendent l'entrée. La lumière n'y pénètre que par une petite rosace fermée d'un triple rang de barreaux. Les murs ont 1 mètre 30

Chapelle du martyre
de Saint-Elophe

C. Fontaine. arch. del. 1875.

d'épaisseur. C'est dans cette chapelle imprenable que la châsse repose sur un autel.

C'est là encore que se trouvent les fonts baptismaux. Il est bien convenable que les enfants de Saint-Élophe s'engagent par la pratique de la vertu à gagner le ciel, en présence des ossements sacrés de celui qui fut leur père dans la foi et qui sut mourir pour son Dieu.

La tour est tout ce qui reste de la belle et vaste église bâtie par les évêques de Toul, et sur les ruines de laquelle s'élève celle d'aujourd'hui. Elle est carrée, à un seul étage, terminée par une corniche en torsade sur laquelle repose une toiture formée de deux galbes à double égout.

Au milieu du fronton formé par ces galbes, se trouve une rosace au-dessous de laquelle sont deux fenêtres très rapprochées l'une de l'autre, et dont l'arc est légèrement ogivé. Les deux faces latérales de la tour ont aussi des fenêtres géminées. Toutes sont à trois rentrants dont les bandeaux unis sont supportés par des colonnettes à chapiteaux ornés de palmes très saillantes.

La façade de la tour est soutenue par des contre-forts à trois sommets rentrants, et qui s'élèvent jusqu'au tiers de sa hauteur totale. C'est dans l'intervalle existant entre l'un et l'autre que se trouve la porte d'entrée principale de l'édifice. Elle est divisée en deux par un meneau de pierre. Cette porte, ainsi que les sculptures qui la décorent en forme d'accolade, est de date plus récente.

La voûte intérieure de la tour qui sert de porche repose sur des culs-de-lampe d'un roman pur, ainsi que les colonnes qui soutiennent l'arc-doubleau.

Près de la chapelle des saintes reliques existe une porte latérale à voussure ogivée. Au milieu du tympan se trouve une niche à plein cintre qui renferme une statue antique de saint Élophe. Les écussons des deux portes ont disparu sous le marteau des sans-culottes de 93.

Une seule toiture en pierre, servant à couvrir la grande nef et les bas-côtés, donne peu d'élévation à l'édifice et offre à la vue quelque chose de lourd et de peu agréable.

Les murs intérieurs de l'église furent ornés de peintures dont le mérite artistique n'était peut-être pas bien grand, mais qui rappelaient les principales circonstances légendaires de la vie de saint Élophe. Détériorées, puis retouchées par des mains inhabiles, elles n'offraient plus que quelques lambeaux illisibles. Il fallut les faire disparaître entièrement. Elles n'étaient plus qu'une souillure dans le lieu saint.

Les riches verrières de Charles II succombèrent aussi sous les coups du temps. Il n'en restait plus aucun vestige, lorsque, après avoir ramené les fenêtres à leur beauté primitive, on les remplaça par des vitraux dont un connaisseur rendit compte en ces termes, dans le journal *l'Espérance,* de Nancy :

« La nature, l'histoire, la légende sont trois sources d'impressions pour l'art, en particulier pour l'art chrétien. C'est à cette triple source qu'ont puisé MM. Höner père et fils, peintres-verriers à Nancy. Rien de plus beau que le grand travail de décoration intérieure qu'ils ont entrepris et si heureusement exécuté dans l'église, j'allais dire la basilique de Saint-Élophe, tant ce sanctuaire est vénérable par son antiquité, la simplicité imposante de son style et la splendeur du culte rendu au glorieux Martyr. Grâce à ces artistes, à leurs magnifiques vitraux, cette église est devenue un véritable musée religieux.

» De chaque côté de la nef se déroulent, dans une suite de tableaux, les principaux évènements de la vie et de la mort du Saint jusqu'au jour où, au Xe siècle, un grand évêque, saint Gérard de Toul, constata solennellement l'authenticité de ses reliques.

» Dans le chœur, sur deux fenêtres nouvellement ouvertes, s'épanouissent trois gracieuses têtes de vierges, sainte Libaire, sainte Suzanne, sainte Menne, et une majestueuse tête d'évêque, saint Euchaire. Ces vierges, cet évêque, sont les frère et sœurs de saint Élophe.

» Au-dessus des autels collatéraux sont représentés, d'un côté Notre-Dame de la Salette et Notre-Dame de Lourdes; de l'autre côté saint Joseph protégeant l'Église naissante dans Jésus et sa Mère fuyant en Égypte, et Pie IX déclarant saint Joseph Protecteur de l'Église catholique.

» Toute la vie du Saint, sur laquelle planent comme une auréole céleste ces suaves et merveilleuses apparitions, est là, pour ainsi dire, palpitante. Elle est là, en face de ses reliques, objet de tant de vénération, au pied de son tombeau quinze fois séculaire, sous le regard de sa famille, sainte famille de vierges et de martyrs, qui semble se détacher de son cadre resplendissant, pour s'incliner et bénir le Frère bien-aimé dans la manifestation glorieuse de la foi.

» Cette œuvre considérable, sorte d'épopée religieuse, avec ses épisodes légendaires, est celle d'un remarquable talent. L'ensemble y est fortement conçu, chaque sujet spécial clairement déterminé, la composition dramatique et savante, le dessin ferme et correct, les fonds et les paysages y sont délicatement touchés, les tons harmonieusement nuancés, les personnages vivants, et par-dessus tout, ce qui est le cachet du maître, la vie y circule et y éclate en splendides reflets.

» Les trois vitraux du fond de l'abside et les deux des extrémités du transept ne sont pas du même artiste. Ils représentent des personnages isolés et ne sauraient offrir le même intérêt; mais ils sont aussi d'un mérite remarquable. »

CHAPITRE XII

La nouvelle église accroit la dévotion a saint Élophe. — Guérison de Remy Petit et de sa fille. — Duchesse de Gueldres. — Elle réclame les reliques de saint Élophe. — Procession solennelle a Nancy pour la guérison de René II.

Lors de la ruine de l'ancienne église, la châsse de saint Élophe eut le sort de l'édifice qui la renfermait : elle fut dépouillée de ses riches ornements. Mais les dévastateurs de ce siècle n'avaient pas la rage de la destruction comme les sacriléges disciples de Luther.

Les saintes reliques ne furent pas profanées, et la noble duchesse qui avait su élever sur le tombeau du saint Martyr une église si remarquable, ne put manquer de les recueillir dans une châsse digne de sa munificence royale.

La beauté de la nouvelle église et les magnifiques décorations du tombeau contribuèrent puissamment à étendre encore la dévotion envers saint Élophe. Tous les jours, les sentiers de la sainte montagne étaient parcourus par une foule de pèlerins qui venaient de tous côtés remercier le Bienheureux de ses bienfaits, ou implorer son secours.

Le souvenir des faveurs reçues dans les siècles passés, les marques incessantes de son intercession, et les nombreuses indulgences accordées par les Souverains Pontifes amenaient les fidèles qui, ayant obtenu les grâces qu'ils désiraient, s'en retournaient en glorifiant Dieu et en chantant les louanges de son grand Martyr.

Il faudrait des volumes, dit un ancien historien, pour rapporter les miracles qui se sont faits au tombeau du Martyr, et je laisse à ceux qui sont encore au monde et qui ont ressenti les effets de sa protection, le soin d'en publier la multitude.

Elle fut grande assurément la multitude de ces faits prodigieux ; mais les écrits qui dans les archives en constataient la vérité, ont disparu dans les flammes allumées par la grande Révolution et aussi par la déplorable paresse des archivistes. Un seul a surnagé dans ce naufrage universel. Il est notarié en date de 1463.

Il affirme que Remy Petit, dit Sénot, de la ville de Gray, en proie depuis sept ans à une de ces maladies douloureuses, devant lesquelles la science des plus habiles médecins se reconnaît impuissante, ne pouvant obtenir le soulagement qu'il désirait, demanda au ciel ce que la terre lui refusait. Il invoqua saint Élophe et promit d'aller le remercier sur son tombeau s'il obtenait sa guérison. Il éprouva aussitôt un mieux sensible, et quelque temps après il put entreprendre ce long voyage. A peine fut-il agenouillé devant les reliques du saint Martyr qu'il fut entièrement guéri.

Il revenait tout heureux, impatient de consoler sa famille éplorée. Mais dès qu'il eut franchi le seuil de sa maison, il ne vit que larmes et n'entendit que gémissements. Sa fille était sur le point de rendre le dernier soupir. Ce père infortuné se livre au plus violent chagrin. Il se prosterne à genoux et implore saint Élophe, son bienfaiteur, et lui voue un second pèlerinage s'il lui conserve son enfant bien-aimée. Sa prière fut exaucée. Le lendemain le père et la fille, joyeux pèlerins, reprenaient le chemin de la Lorraine, pour remercier le puissant Martyr du double miracle qu'il venait d'opérer en leur faveur.

Au commencement du XVI⁰ siècle, eut lieu un évènement fort remarquable qui fit connaître en quelle vénération étaient, dans toute la contrée, les reliques de saint Élophe et la confiance qu'elles inspiraient.

René II, duc de Lorraine et de Bar, roi de Naples et de Sicile, fut un des princes les plus accomplis de son temps. Sage et prudent en toutes choses, magnifique et vaillant au combat, il était d'une piété tendre et éclairée. Il fut la gloire et le bonheur de son peuple. Il épousa, à Orléans, la jeune Philippe de Gueldres, fille d'Adolphe d'Egmond, duc de Gueldres, et de Catherine de Bourbon.

Cette princesse donna à son mari douze enfants, dont cinq moururent en bas âge, deux devinrent évêques, et les autres brillèrent autant par leurs vertus que par leurs hautes dignités. Elle vécut dans une innocence qui a rendu sa mémoire vénérable devant les hommes et sa mort sainte devant Dieu (1547).

En 1500, le bon duc René tomba dangereusement malade. On le crut mort pendant un jour. Sa pieuse épouse fit convoquer à Nancy les prélats et les gentilshommes du pays, pour y apporter les reliques de leurs églises et y faire une procession générale et solennelle du Saint-Sacrement, afin d'obtenir de Dieu la guérison du prince. Les rues de Nancy furent tendues et pavoisées comme au jour de la Fête-Dieu.

Les corps de saint Élophe de Brancourt, de saint Firmin de Flavigny, de saint Gauzelin de Bouxière, de saint Mélain de Vandeuvre, de saint Euchaire de Liverdun, de saint Clou de Lay, de saint Sébastien de Dieulouard, de saint Remy de Lunéville, de saint Antoine de Pont-à-Mousson, de saint Gorgone de Varangéville, de saint Nicolas, de saint Georges et de saint Maurice furent portés par ceux à qui ils appartenaient.

La procession fut splendide. En tête marchaient les différentes armes avec leurs musiques, puis le clergé régulier et séculier, les abbés mitrés, les évêques de Metz, de Toul, de Verdun, d'Emmaüs, de Nicopolis, de Christopolis, et les cardinaux des Ursins et d'Estain.

Le révérendissime de Guzce, légat du Saint-Siége, portait le Saint-Sacrement. Le dais était soutenu par les jeunes princes le duc de Bavière, le comte Palatin, le marquis de Bade et le landgrave de Hesse. Venait ensuite la duchesse seule. Elle était suivie de ses illustres enfants, un cierge à la main. Après marchaient en rang selon leurs dignités, les grands officiers de la couronne, le maréchal de Lorraine, le grand-maître, les comtes, les sénéchaux, les chambellans, les écuyers, les présidents, les gens de la justice et de la monnaie, les docteurs en médecine, les chirurgiens, les prévôts, les échevins, enfin les bourgeois et les officiers de la ville.

La procession partit de Saint-Georges. Elle parcourut

toute la ville, visitant tous les sanctuaires, et revint à
l'église du palais ducal où le Légat célébra la messe
solennelle du Saint-Sacrement.

Ce fut un spectacle bien émouvant que celui de toute
une nation adressant des prières au ciel pour la conservation d'un prince bien-aimé. Aussi le Seigneur exauça
les vœux de ce bon peuple, et conserva à sa tendresse
un souverain dévoué à son bonheur, et qui, plus heureux
que Titus, put déclarer en mourant qu'il n'avait perdu
aucune journée de sa vie.

Dans cet immense concours de saints, le glorieux
Martyr de Soulosse parut avec honneur au milieu des
grands protecteurs de la Lorraine, saint Gauzelin, saint
Georges et saint Nicolas. La présence de sa châsse dans
cette solennité montre combien était connue sa puissance
auprès de Dieu.

CHAPITRE XIII

GUERRE CONTRE L'ÉGLISE. — CHEFS DU PROTESTANTISME.
— SUITES DE LEUR DOCTRINE PERVERSE. — L'ARMÉE
DE DIEU. — LES CALVINISTES EN LORRAINE. — LEUR
PASSAGE A SAINT-ÉLOPHE.

Pendant plus d'un demi-siècle, les pieux Lorrains
purent, en toute liberté, venir s'édifier et s'enrichir des
dons du Seigneur au tombeau du Bienheureux, et manifester leur amour pour leur saint Protecteur.

L'église de Saint-Élophe, de ses hauteurs, vit passer bien des armées amies et ennemies ; mais l'histoire ne dit pas qu'elle ait eu à souffrir de ces nombreux guerriers qui allaient et venaient sans cesse. Le bruit des combats retentissait toujours de toutes parts.

Au milieu du XVIe siècle, l'enfer semble mettre toutes ses légions en campagne. Quatre gigantesques sectaires paraissent successivement, une bible d'une main, une torche de l'autre et l'épée au côté. Ils se ruent sur la sainte Église de Dieu et s'acharnent contre ses dogmes et sa morale. Les peuples ingrats se rangent sous leurs bannières, et attaquent avec rage cette même Église à laquelle ils doivent leurs lois, leurs libertés et leur existence.

Martin Luther, moine apostat, corrupteur de religieuses, ami de la taverne et de la bonne chère, impie et sale bouffon, dirige ses coups contre la papauté avec toute la fureur que le délire le plus emporté peut fournir à un hérétique.

Zwingle, curé de Notre-Dame-des-Ermites, prêche et pratique publiquement le plus dégoûtant libertinage.

Orgueilleux, impudique, cruel, marqué d'un fer rouge pour ses crimes, Calvin multiplie les erreurs de Luther, et meurt d'une maladie honteuse dans les horreurs du désespoir.

Henri VIII, roi d'Angleterre, répudie sa femme légitime pour épouser une courtisane. Le Pape l'excommunie. Pour se soustraire aux foudres du Vatican, il se fait déclarer chef de l'Église d'Angleterre et jette dans le schisme la vieille terre des Saints. Plus occupé de satisfaire ses infâmes passions que d'établir sa doctrine,

il épouse cinq femmes qu'il répudie et conduit à l'échafaud.
En mourant il a pu dire : J'ai perdu l'État, la renommée,
la conscience et le ciel !

Ces quatre libertins éhontés, chefs du protestantisme,
établirent une doctrine digne de leurs ignobles instincts :
pour dogme : « crois ce que tu veux », et pour morale :
« fais ce qui te plaît ». L'homme pour eux n'est qu'une
sorte de machine sans liberté, fatalement voué au bien
ou au mal, incapable de vertu et de crime.

Le principe protestant est la déification de la raison
particulière, la négation de toute autorité, l'anéantissement
de toute religion et par conséquent de toute société. De
là ces révolutions sans cesse renaissantes et ces sanglantes
catastrophes qui affligent le monde depuis trois siècles.

Dès que ces premiers apôtres eurent jeté leurs dé-
testables principes parmi le peuple, un vaste incendie
s'alluma en France, en Allemagne, en Suisse. Une guerre
de trente ans, le pillage d'une multitude de monastères,
asiles sacrés de la science, monuments de la charité de
nos ancêtres, la dévastation, la spoliation des églises,
des fleuves de sang, des forfaits inouïs, des haines atroces,
des parjures et des scandales à faire rougir le vice, en
furent les lamentables suites.

A l'armée ennemie, Dieu opposa un concile général,
une foule de docteurs, également remarquables par leur
génie et leur sainteté. Au moment où le protestantisme
triomphant s'asseyait sur les débris des autels et des
temples catholiques renversés, et se flattait, comme au
temps de Julien, d'assister aux funérailles de l'Église
romaine, celle-ci se montrait pleine de vie, produisait
cinquante-neuf ordres religieux pour l'éducation, l'ins-

truction, la bienfaisance, et gagnait un monde nouveau. Dieu assurément n'abandonne jamais son Église ; mais il la laisse souvent aux prises avec de terribles épreuves.

Ainsi, en 1587, sous le règne de Charles III, les calvinistes résolurent de faire une incursion en France pour y établir leur criminelle réforme. Une armée forte de 30,000 protestants s'était formée en Alsace. Elle espérait rejoindre dans la vallée de la Loire, entre Nevers et Orléans, le roi de Navarre qui jusqu'alors avait soutenu la lutte avec succès dans la Guyenne et les provinces voisines.

Le duc de Bouillon, vaincu à Sedan par le duc de Guise, alla rejoindre cette armée. Quoiqu'il fut regardé comme le lieutenant et le fondé de pouvoirs du roi de Navarre, il n'en obtint pas le commandement. On investit de cette charge le baron de Bohnac, seigneur allemand, homme incapable de diriger une armée nombreuse et ignorant le pays où il devait faire la guerre.

Le duc de Lorraine ne négligea rien pour opposer à ces ennemis de la foi la résistance la plus vigoureuse. Le duc de Guise quitta la Champagne et vint réunir ses troupes à celles de son cousin. Trop faibles néanmoins pour livrer une bataille, ces deux habiles généraux ne pouvant s'opposer au passage des calvinistes, les éloignèrent de Nancy et de Saint-Nicolas dont les richesses excitaient leurs convoitises, et les refoulèrent sur le Madon. Ils les empêchèrent de s'étendre et les harcelèrent jusqu'à ce qu'ils furent en France. Ils ne les quittèrent que lorsque, vaincus de toutes parts, ils eurent honteusement gagné la Suisse.

Mais, hélas ! ils ne purent empêcher ces féroces hérétiques de brûler, de tuer, de piller tout ce qu'ils trouvèrent sur leur passage. Saint-Élophe fut la triste victime de leurs brigandages. Autour de l'église s'était formé un village. Toutes les maisons furent saccagées, Brancourt et Soulosse livrés aux flammes. Cet infortuné pays souffrit toutes sortes de misères, d'injustices et d'horreurs.

Ces pillards sacriléges envahirent l'église et arrachèrent les ornements de la châsse du Saint qu'on n'avait pas eu le temps ou la prudence de transporter ailleurs. Cependant les saintes reliques, plus heureuses que celles de saint Euchaire qui furent brûlées cette année à Liverdun, ayant été enlevées et placées en lieu sûr, échappèrent à la fureur de ces hérétiques, ennemis acharnés du culte des Saints.

CHAPITRE XIV

JEAN DE MAILLANE DES PORCELETS. — IL EST ÉVÊQUE DE TOUL. — SA VISITE PASTORALE A SAINT-ÉLOPHE. — ÉVÈNEMENT TRAGIQUE. — HORREURS DE LA PESTE ET DE LA FAMINE EN LORRAINE.

L'évêque de Toul, en 1612, put s'assurer par lui-même que l'authenticité des reliques de saint Élophe n'avait pas eu à souffrir dans ces temps de profanations.

Issu d'une illustre famille originaire de la Provence, Jean de Maillane des Porcelets naquit à Valhey, en Lorraine. Il fut baptisé par un Père jésuite et élevé dans la piété par Mme d'Apremont, sa tante, religieuse de Poussay. Il fit ses humanités à Trèves, sa philosophie à Ingolstadt, et prit ses grades en théologie à Pont-à-Mousson. Il alla perfectionner ses études à Rome, centre et foyer de lumières. Il s'y fit admirer plus encore par ses vertus cléricales que par la noblesse de sa naissance.

Clément VIII le créa son camérier et lui confia des missions difficiles dont il s'acquitta avec une grande habileté.

M. de la Vallée venait de mourir à Liverdun, en 1607. Les chanoines de la cathédrale choisirent pour le siége de Toul, Emmanuel de Lignéville, comte de Tumejus, prévôt de Remiremont. Mais le roi de France, qui alors se mêlait beaucoup trop de ce qui ne le regardait pas, fit casser cette élection.

Le comte de Vaudémont se hâta d'offrir son fils aîné, Henry, âgé de cinq ans. Mais le Chapitre se rappelait trop les désordres qui affligèrent le diocèse sous l'épiscopat d'Antoine de Neufchâtel, élu à l'âge de douze ans, pour se rendre au désir du noble comte.

Pendant ces démêlés, le pape Paul V, à la persuasion du prince de Beauvau, pour le duc de Lorraine, nomma de Maillane des Porcelets à l'évêché de Toul, en 1608. Il fut sacré par le cardinal Bellarmin, et prit possession de son siége, le 7 juillet 1609.

Le savant et pieux prélat gouverna son vaste diocèse avec une sagesse et une prudence remarquables. Il établit la réforme dans son clergé ; non pas cette réforme dégoûtante de Luther qui mariait tous ses prêtres, mais celle que prêchaient les Didier de La Cour et les Bienheureux Père Fourier.

Il commença sa visite pastorale par la ville de Neuf-château. C'est de là qu'il vint à Saint-Élophe pour visiter les Reliques du saint Martyr. Les habitants de cette ville ont toujours professé une dévotion particulière pour saint Élophe, et n'ont jamais oublié de l'invoquer, aux jours de tribulation. Ils profitèrent de cette occasion, pour faire un pèlerinage au Bienheureux. Ils accompagnèrent l'évêque processionnellement.

Cet appareil produisit un grand émoi dans la paroisse. La consternation se répandit dans tous les hameaux. Chacun se persuada, qu'à l'exemple de saint Gérard, de Maillane des Porcelets venait livrer les saints ossements de leur patron à la ville de Neufchâteau, qui en réclamait quelques-uns depuis longtemps.

L'office commence. Après les cérémonies ordinaires, la châsse est tirée de sa chapelle et placée au milieu du chœur, sur le tombeau du Saint. Une grande multitude de pèlerins étaient accourus pour jouir de ce spectacle. Les hommes de la paroisse, surtout ceux de Brancourt, y vinrent aussi, mais un bâton à la main. A peine l'évêque a-t-il posé les sceaux et fermé les saintes Reliques, qu'ils poussent de grands cris, se précipitent, fendent la foule et saisissent la châsse des mains des prêtres, tandis que d'autres, à coup de pierres, mettent en fuite les gens de la procession.

Le prélat, qui ne soupçonnait d'aucune façon le motif de cet étrange tumulte, menace d'interdit si l'on continue de le troubler dans ses fonctions. Les paysans n'en deviennent que plus furieux. Surpris de cette inconcevable audace, l'évêque monte en chaire, essaie les plus sages remontrances. Mais le désordre est à son comble ; les bâtons paraissent, on profère même des menaces de mort contre ceux qui toucheraient aux saintes Reliques. L'évêque ne put que difficilement se soustraire aux coups de ces pauvres gens. Il s'enfuit en toute hâte, lançant un long interdit contre une église où il avait rencontré une pareille réception.

Ces scènes sont assurément bien regrettables et on ne peut que les blâmer. Elles donnent cependant à comprendre combien cette population est jalouse des reliques de son illustre patron, et comment elle sait veiller à leur conservation. Si pareilles circonstances se présentaient aujourd'hui, il y aurait plus de mode, sans aucun doute, mais la résistance ne serait pas moins énergique.

Un autre évêque, non moins illustre que Mgr de Maillane des Porcelets, fut plus heureux que lui, lorsque, soixante-seize ans plus tard, il dut visiter les saintes Reliques, pour les reconnaître, après les malheurs inouïs dont notre infortuné pays fut la triste victime.

La Lorraine, si riche, si heureuse, si respectée sous les ducs Charles III et Henri II, allait voir succéder à tant de prospérités, des calamités sans pareilles. La peste, la famine et la guerre s'unirent pour faire un désert du plus beau pays de l'Europe. Ces trois fléaux y exercèrent de si grands ravages que la désolation de la Judée, par les troupes de Titus, sembla seule pouvoir fournir un point de comparaison.

La peste parut la première, en 1630. C'était la peste orientale, qui, à la faveur des guerres dont la Hongrie ne cessait d'être le théâtre, fit irruption en Europe, et malgré les prescriptions les plus sévères, en envahit toutes les provinces. Elle jeta la consternation dans tous

les cœurs, et fit un grand nombre de victimes. Ce fut
alors que le B. Père Fourier répandit de toutes parts
des billets portant ces paroles : « Marie a été conçue sans
péché. » Cet hommage à la Consolatrice des affligés, au
Secours des chrétiens, produisit des prodiges de miséricorde.

La famine suivit de près. Ce fléau fut tel que les deux
tiers de la population disparurent. Des villages entiers
devinrent déserts. Les loups, les bêtes fauves y établirent
leurs demeures. La nourriture, qui eut fait horreur en
d'autres temps, était recherchée avec avidité et regardée
comme un excellent régal.

Les terres demeuraient en friches et couvertes d'épines.
Les prairies abandonnées se couvraient d'arbustes et
nourrissaient une infinité d'animaux vénimeux.

Les hommes les plus vigoureux s'attelaient à la charrue,
faute de chevaux et de bœufs. On ne rencontrait de tous
côtés que des pauvres, des mendiants en haillons,
affreux, hâves, défigurés, sans retraites et sans ressources.

CHAPITRE XV

La politique loyale et chrétienne des ducs de Lorraine attire les armes coalisées de France et de Suède. — Calamités de cette guerre. — La paroisse de Saint-Élophe au pillage. — Suites funestes du protectorat de la France.

La guerre vint joindre ses horreurs à ces effrayantes calamités. Depuis longtemps, la Lorraine s'était attiré la haine de la France. On se souvenait toujours à Paris de la Ligue et des Guise, ces nobles lorrains. L'ambition de Richelieu couvait d'un œil de convoitise un pays riche et glorieux par les armes, mais trop faible pour lutter contre les rois de France.

L'impétueux lorrain, vrai héros de chevalerie, le duc Charles IV, ne tarda pas à fournir au serviteur-maître qui dirigeait Louis XIII, l'occasion tant désirée par ce ministre tout-puissant. Engagé avec les adversaires du protestantisme, il attira sur lui les vengeances du cabinet français en allant se jeter en Allemagne au secours du Saint-Empire.

Il eût pu se sauver en se faisant le satellite docile de Richelieu, et en le suivant, quelque route qu'il voulût adopter. Une habileté terrestre, une politique purement humaine l'eût fait agir ainsi. Mais les descendants des

Austrasiens avaient trop de fierté et trop de courage pour se réduire à jouer le rôle de serviteurs forcés, et trop de foi au catholicisme pour embrasser la politique d'un cardinal qui, d'un côté, combattait les huguenots à la Rochelle, et de l'autre, serrant la main rapace et sanglante des rois protestants du Nord, lançait sur le cœur de l'Europe les horribles bataillons de la Suède. En eux, l'amour de la religion, de la vérité et de l'honneur l'emporta sur les intérêts temporels. Ils se rangèrent du côté de la Maison d'Autriche, qui, à cette époque, portait le grand étendard de la foi.

Cette détermination attira sur la Lorraine une guerre générale, une guerre qui finit par lui enlever sa couronne et avancer le moment où, pour jamais, elle devait perdre sa nationalité !

La désolation fut extrême. Les Français joints aux Suédois d'une part, les Allemands et les troupes lorraines d'autre part, pillaient, saccageaient et brûlaient tout ce qu'ils rencontraient.

Les Suédois surtout firent éclater leur haine d'hérétiques contre la religion de Jésus-Christ, dans le pillage et l'incendie des églises et la profanation des choses les plus sacrées. Ils se faisaient du crime un plaisir, et poussaient le sacrilége jusqu'à donner à leurs chevaux la divine Eucharistie !

Le soldat grossier et impitoyable n'épargnait ni le sacré ni le profane. Il exerçait sa brutalité sur les personnes et sur les choses. Les vierges consacrées à Dieu n'étaient plus en sûreté dans leurs cloîtres, les filles dans les bras de leurs mères, les femmes auprès de leurs maris. S'il ne recevait pas d'argent de la personne qu'il avait prise,

il lui ôtait la vie, et fouillait dans ses entrailles pour y
découvrir l'or qu'il la soupçonnait d'avoir avalé. Tout
ce que la férocité peut commettre d'excès, les meurtres,
les incendies, les plus monstrueux brigandages étaient
regardés comme un jeu par ces hommes exécrables.

La Lorraine offrait le plus lamentable spectacle. Plus
de troupeaux dans les campagnes, plus de laboureurs
dans les champs. Les sentiers étaient abandonnés, in-
connus; partout on voyait la désolation, le deuil et la
mort. Si le Bienheureux Père Fourier et l'immortel
saint Vincent-de-Paul n'eussent excité la pitié du ciel et
de la terre, c'en était fait de cette infortunée province.

Le souvenir de ces temps désastreux est demeuré
impérissable. De nos jours, si le voyageur se heurte
contre une ruine, si le laboureur trouve dans le sillon un
tronçon d'armes, un ossement desséché, s'il est ému par
le récit d'un accident tragique : c'est du temps des guerres
s'écrient-ils, et ces guerres dont ils parlent, c'est la
guerre des Suédois, c'est la guerre d'une incomparable
sauvagerie que Richelieu a déchaînée contre nos malheureux ancêtres.

Est-il nécessaire de dire que ces barbares du Nord se
sont acharnés spécialement contre les reliques des héros
du catholicisme? N'était-ce pas, pour ces misérables, une
double joie d'exercer leur inique fureur contre Dieu et
contre les hommes, par le pillage et le sacrilége?

Constamment exposé au passage des armées, Saint-
Élophe et les hameaux qui en dépendent eurent étrange-
ment à souffrir du triple fléau qui accablait le pays. Ils
éprouvèrent, plus que tout autre, les horreurs de la
peste, de la famine et de la guerre. L'église fut profanée

et ses autels furent renversés. Une construction inexplicable dans une nef latérale, n'a d'autre origine sans doute que ces terribles guerres.

Mais, sans qu'il soit possible de dire de quel moyen se servit la divine Providence, les enfants du grand saint Élophe furent assez heureux pour soustraire les précieux ossements de leur saint Patron aux regards des disciples forcenés du moine apostat et libertin. La châsse fut pillée ; mais les Reliques échappèrent au sacrilége. C'est ce que put attester l'illustre évêque Henry de Thiard de Bissy, l'an 1688.

Les rois de France avaient singulièrement abusé de leur puissance, pour s'immiscer dans l'administration ecclésiastique de la Lorraine. Ils avaient profité des malheurs des temps pour se faire déclarer, d'une manière insensible, protecteurs des trois évêchés, Metz, Toul et Verdun. Les Souverains Pontifes, pour ménager la bienveillance des rois très chrétiens, leur avaient laissé la nomination à presque tous les bénéfices.

Les emplois les plus distingués devinrent bientôt la proie de l'intrigue et de la faveur. L'on vit alors une multitude d'abbés qui n'avaient pas la première teinture de la science ni des vertus cléricales. Ils ne se sentaient guère d'aptitude qu'à toucher les gros revenus de leurs prébendes. Étranges personnages, tout étonnés de leurs mitres et de leurs barrettes, et auxquels l'épée convenait bien mieux que la crosse !

De là des évêques de cinq ans, des cardinaux de dix ! Quelle admirable figure ils devaient faire sur le siége des Mansuy, des Gauzelin, des Gérard et des Brunon ! Et quel respect devaient avoir les peuples pour ces Pontifes à peine parvenus à l'âge de raison !

Est-il étonnant qu'avec une administration d'enfants ou d'évêques qui ne virent jamais leur cathédrale, de graves désordres se soient glissés dans les mœurs et la discipline du diocèse ! Cependant l'absence du premier Pasteur se fit moins sentir à l'église de Toul, dans les dernières années de son veuvage. Les vicaires-généraux capitulaires furent des hommes du premier mérite.

CHAPITRE XVI

HENRY DE THIARD DE BISSY. — DE LAIGLE. — L'ÉVÊQUE DE TOUL VISITE A SAINT-ÉLOPHE LES RELIQUES DU SAINT MARTYR. — IL DÉLÈGUE DU HAN POUR LES ENFERMER DANS UN COFFRET D'ÉTAIN. — PROCÈS-VERBAUX DE CES ACTES.

Messire Henry de Thiard de Bissy, docteur en Sorbonne, fut nommé à l'évêché de Toul. Les différends qui existaient alors entre Louis XIV et Innocent XI retardèrent pendant six années l'expédition des bulles d'institution canonique. Mais il ne laissa pas, dans cet espace de temps, que de travailler beaucoup dans le diocèse en qualité de vicaire-général du Chapitre qui l'avait investi de tous ses pouvoirs. Enfin, sacré évêque, il fit son entrée solennelle à Toul au milieu des applaudissements et des acclamations du peuple et du clergé. Depuis plus de vingt-cinq ans, la ville épiscopale n'avait joui de ce spectacle.

M. de Laigle, vicaire-général, administrateur prudent et pieux, plein de zèle et de lumière, seconda puissamment son évêque pour le maintien de l'ordre et de la discipline. Tout entier à l'expédition des affaires diocésaines, il se montra l'intrépide défenseur des priviléges de l'Église contre les prétentions exagérées de la puissance séculière.

Mgr de Bissy trouva son diocèse dans un état déplorable. A peine arrivé à Toul comme évêque nommé, il se hâta de faire avec ses ouailles une connaissance intime. Il employa deux années à visiter toutes les paroisses, afin de s'assurer par lui-même de la situation matérielle et morale de chacune d'elles, du bien, pour l'encourager, et des abus pour les faire disparaître.

Les reliques des Saints furent un objet tout spécial des soins du pieux prélat. Après les lamentables dévastations dont la province avait été la victime, il était grandement à craindre que plusieurs n'eussent perdu le caractère d'authenticité qui leur est nécessaire. Il eut en effet la douleur de constater des pertes irréparables. Presque toutes les châsses avaient été pillées et un grand nombre de saints ossements jetés au vent par les hérétiques.

Dans le cours de sa visite pastorale, Mgr de Bissy arriva vers les premiers jours de septembre à Saint-Élophe. Il fut accueilli avec toute la tendresse possible et tout le respect dû à son éminente dignité. N'ayant plus à redouter l'enlèvement de leur trésor, les habitants de la paroisse

manifestèrent une joie d'autant plus grande, et des sentiments d'affection d'autant plus vifs, qu'ils avaient à faire
oublier leurs excès envers Jean de Maillane des Porcelets.
Ils furent heureux de donner à leur évêque des témoi-
gnages irrécusables de leur amour pour leur saint Patron.
Les Reliques étaient complètes et dans un état parfait de
conservation. Ce ne fut pas sans la plus vive émotion
que le prélat vit les ossements sacrés du grand Martyr,
sauvés du naufrage et gardés avec un dévouement si
héroïque.

La châsse donnée par la duchesse Marguerite de Bavière
était toujours dépouillée de ses riches ornements ; mais les
temps étaient encore trop mauvais pour que l'on pût en
exiger la restauration de ces pauvres gens, qui avaient
souffert de si longues et de si cruelles tortures. Dans la
crainte que les petits ossements ne vinssent à s'égarer,
Mgr de Bissy demanda seulement qu'ils fussent enfermés
dans un coffret qui serait placé dans la châsse.

En présence des paroissiens et d'une foule d'étrangers,
l'évêque honora les saintes Reliques, invoqua la protection du glorieux Martyr, bénit ses enfants et partit pour
Neufchâteau.

Le lendemain de son arrivée en cette ville, le
4 septembre 1688, Mgr de Thiard de Bissy écrivait en ces
termes au curé de Moncel, pour lui confier le soin de
renfermer dans un coffret les Reliques de saint Élophe :

« Henry de Thiard de Bissy, nommé évêque et comte
de Toul, vicaire-général, le siége épiscopal vacant,
au sieur du Han, prêtre, curé de Moncel, salut en Notre
Seigneur.

» Ayant ensuite de la visite faite dans la paroisse de

Saint-Élophe, ordonné que les Reliques du grand Martyr saint Élophe, que nous avons vues et visitées Nous-même, seraient renfermées dans une boîte bien soudée partout, en présence d'un ecclésiastique, qui sera par Nous commis ; Nous étant bien informé de votre probité, vous avons commis et commettons pour faire mettre, en votre présence, avec toute la décence convenable, dans une caisse lesdites Reliques, et bien faire souder partout ladite caisse ou boîte ; de quoi vous dresserez un acte signé de vous, du sieur curé, et des plus considérables qui seront présents, et qui sera fait double pour être l'un, savoir : celui qui sera au bas de notre présente ordonnance mis avec lesdites Reliques, et l'autre dans les archives de l'église avec les autres papiers.

» Donné au Neufchâteau, dans le cours de notre visite, le 4 septembre 1688. Bissy. N. Év. et C. de Toul, vic.-gén. »

Messire du Han, curé de Moncel, s'empressa d'accomplir les ordres de son évêque. Il invita plusieurs prêtres et nobles personnages des environs. Un coffret de fin étain fut préparé. Le 14 septembre, au milieu de toute la paroisse accourue à l'église, et toujours avide de contempler les reliques de son Patron, en présence des témoins invités, la châsse fut apportée processionnellement sur le tombeau. Pendant le chant des hymnes et des psaumes, le délégué épiscopal l'ouvrit, en tira les ossements et les plaça tous avec respect dans le coffret d'étain. Il fit souder de toutes parts le couvercle de celui-ci, et enveloppa la boîte dans un morceau de damas cramoisi, et la déposa dans la châsse, qui fut reconduite avec solennité dans la chapelle qui lui est destinée et où elle demeure sous clefs et sous triple verrou.

Selon le désir de l'évêque, le curé de Moncel fit un procès-verbal de cette déposition. En voici la teneur :

« L'an 1688, le 14 septembre, ensuite du mandement de Mgr de Bissy, évêque nommé, comte de Toul, vicaire-général, le siége vacant, en date du 4 du présent mois, Nous, Jean du Han, prêtre, curé de Moncel et Happoncourt, eschevin du doyenné du Neufchâteau, assisté du sieur Claude de Belmont, curé de Saint-Élophe et doyen dudit Neufchâteau, de maître Jean Mouginot, curé dudit Neufchâteau, de maître Joseph de Belmont, curé de Gouécourt, et de maître Jean Serrières, vicaire d'Autigny-la-Tour, avons mis dans une caisse d'étain les Reliques du grand Martyr saint Élophe, et ensuite l'avons fait souder partout, dont Nous avons fait dresser le présent acte en présence de haut et puissant seigneur, Messire Anne-François-Joseph, marquis de Bassompierre, de Removille et baron du Châtelet, et du sieur Claude-Antoine Mailliard, escuyer, demeurant à Bayon, du sieur Christophe Laquin, du sieur Jean Massy, demeurant au Neufchâteau.

Fait à Saint-Élophe, les jour et an susdits. J. du Han, curé de Moncel. — Claude de Belmont, curé de Saint-Élophe, doyen de Neufchâteau. — J. Mouginot. — Bassompierre. — de Mailliard. — J. Serrières. — C. Laquin. — J. Massy. »

CHAPITRE XVII

CHARLES IV PRISONNIER A TOLÈDE. — VAINS EFFORTS
DE SIMON SALLET POUR LE DÉLIVRER. — IL VOUE DANS
SA PRISON UNE CHASSE A SAINT ÉLOPHE. — CÉRÉ-
MONIES ET ACTES DE LA TRANSLATION DES RELIQUES
DANS LA NOUVELLE CHASSE.

Deux ans plus tard, en 1690, la profanation de 1633
fut réparée d'une manière bien convenable par Simon
Sallet, trésorier-général de Lorraine, seigneur de Liffol
et de Villouxel et baron de Coussey.

Charles IV s'était allié contre Mazarin et Louis XIV,
avec l'Espagne et l'Autriche. Dupe de ces deux puissances,
qui lui devaient la supériorité de leurs armes, il ne
reçut d'elles que des marques de la plus noire ingratitude.
L'empereur attribua la prise de Thionville à ce prince,
qui par sa neutralité n'y avait pas mis obstacle, comptant
sur Lignéville. Comme il fallait une victime à l'orgueil
espagnol, sa perte fut résolue.

Il fut arrêté à Bruxelles, conduit à Anvers, de là à
Dunkerque d'où il fut transporté en Espagne en 1654.
Il fut enfermé à Tolède, dans une tour vieille et infecte,
dont les fenêtres étroites et grillées ne laissaient passer
qu'une faible lumière. « Je suis, disait ce prince infortuné,
un degré plus bas que les limbes. »

Simon Sallet, riche négociant de Neufchâteau, entretenait un commerce très considérable avec l'Allemagne, les Flandres, l'Italie et l'Espagne. Il avait des factoreries dans tous ces pays.

Ayant appris la triste captivité du duc de Lorraine, il prit, avec sa noble épouse Françoise Calore de Linden, les habits de pèlerin, et sous ce mystérieux déguisement se rendit en Espagne pour délivrer son souverain. Pour approcher de lui, et pour endormir la vigilance des gardes, il se déguisait en colporteur, en marchand forain. Il essaya une fois de l'enlever dans une balle de coton.

En rôdant autour de la forteresse, il ne put échapper aux soupçons. Il fut découvert, saisi et jeté dans une noire prison. Il avait même été condamné à mort ; mais Philippe IV commua la sentence, avec cette apostille, aussi honorable pour le sujet que pour le souverain : heureux les princes qui ont d'aussi fidèles sujets ! Il sortit de sa prison, le 7 septembre 1659, à la paix des Pyrénées.

Charles IV devenu libre le nomma trésorier-général de Lorraine, et le créa gentilhomme, par lettres expédiées d'Espagne, « en considération, dit le nobiliaire, des services qu'il lui a rendus pendant sa captivité et en plusieurs rencontres, en risquant sa vie et ses biens, assistant son prince de ses propres deniers, et, par ses correspondances, lui facilitant le moyen de recevoir des lettres et avis de ceux auxquels il avait commis ses affaires, et de leur faire tenir ses réponses et volontés ; mis au cachot, les fers aux pieds, et ayant souffert en ce pitoyable état les horreurs d'une affreuse prison pendant six mois, ses biens saisis et emportés, sa maison pleine

de gardes, condamné à un exil perpétuel de toutes les
terres de sa Majesté catholique. »

Lorsque ce noble lorrain gémissait dans les fers, il fit
vœu, s'il recouvrait la liberté, d'en témoigner sa reconnaissance à l'église de Saint-Nicolas, sa paroisse, et de
donner à l'église de Saint-Élophe une châsse richement
ornée, pour y recevoir convenablement les Reliques du
grand Martyr.

La mort ne lui permit pas d'accomplir ses vœux ; mais
ses enfants, héritiers de son honneur comme de sa fortune, n'eurent garde de négliger ses dernières volontés.
Une châsse, d'une beauté remarquable, ornée de bas-
reliefs en argent, embellie de splendides décorations,
digne, en un mot, de la foi et de l'opulence du riche
négociant, sortit bientôt des ateliers des Patenas, de
Neufchâteau, les plus illustres orfèvres de leur temps,
et fut mise à la disposition de la paroisse de Saint-Élophe.

Le curé, Dominique Girardin, s'empressa d'en avertir
l'évêché de Toul, et de solliciter les pouvoirs nécessaires
pour la translation des saintes Reliques, avec permission
d'ouvrir le coffret d'étain qui les renfermait. Mais,
connaissant la jalouse surveillance dont ses paroissiens
ont toujours entouré la châsse de leur saint Patron, il
provoqua aussi la défense rigoureuse de détourner la
moindre parcelle des précieux ossements.

L'autorité diocésaine accueillit favorablement cette
demande, et, par son mandement du 26 septembre 1690,
elle désigna les commissaires délégués pour cette cérémonie qui devait se faire à Neufchâteau.

« Les vicaires-généraux de l'évêché de Toul, établis
pendant la vacance du siége épiscopal, au sieur du Han,

curé de Moncel, doyen rural de Neufchâteau, aux sieurs curés dudit Neufchâteau et de Saint-Élophe, salut en Notre-Seigneur Jésus-Christ.

« Les héritiers du feu sieur Sallet nous ayant remontré que pour se conformer à ses intentions pieuses, ils auraient fait faire une châsse ornée et garnie d'argent, pour y mettre et conserver plus décemment les précieuses Reliques dudit saint Élophe, auquel tout le peuple du voisinage a depuis longtemps une fort grande dévotion ; Nous avons ordonné que lesdites Reliques seront, par vous trois ensemble, tirées de la châsse où elles sont présentement, pour être mises et conservées dans celle que lesdits héritiers ont fait faire, pourvu qu'elle soit dans toute la décence requise et sans qu'il soit permis de détourner aucune desdites reliques, qui seront, par vous, exactement reconnues. De quoi sera dressé un procès-verbal double, signé de vous, pour être l'un avec notre présente ordonnance, conservé et déposé dans ladite châsse, avec lesdites reliques. A l'effet de quoi Nous avons permis de les porter en procession, au Neufchâteau, et ensuite reporter dans l'église paroissiale de Saint-Élophe.

« A Toul, le 26 septembre 1690. de Laigle. N. Menget.

« Par mandement de MM. les vicaires-généraux :

« du Mesnil. »

La nouvelle de la prochaine translation se communiqua dans la paroisse, et y répandit une grande joie. Ce fut comme pour un jour de fête. Les préparatifs se firent rapidement. La ville de Neufchâteau fut prévenue, et, le 14 novembre, hommes, femmes, enfants, vieillards, tous ceux qui se sentirent capables de cet intéressant voyage, se rendirent en belle tenue sur la montagne, et, par une belle journée d'automne, se mirent en marche, avec la croix et les bannières, sous la conduite du vénérable pasteur.

Les quatre maires, revêtus des insignes de leur dignité, par un privilége dont ils se firent toujours honneur, portèrent les saintes Reliques, et, tout le long de la route, on chanta des psaumes, des hymnes, des cantiques et les litanies du saint Martyr.

La dévotion de la bonne ville de Neufchâteau pour saint Élophe est trop connue pour que l'on puisse mettre en doute son empressement à venir à la rencontre du cortége. Au son de toutes les cloches, on se rendit à l'église de Saint-Nicolas.

Au milieu d'une foule immense, en présence du clergé et de la noblesse, devant les illustres enfants de Simon Sallet, les commissaires délégués ouvrirent la petite boîte d'étain, en tirèrent les saints ossements dont l'authenticité fut reconnue. Ils les exposèrent à la vénération des fidèles pendant la rédaction du procès-verbal. Ils les placèrent ensuite sur un lit de coton, dans le coffret tapissé à l'intérieur d'une étoffe de soie jaune, taillée et cousue selon sa forme et ayant les extrémités latérales assez amples pour recouvrir le tout, sous le couvercle d'étain qui fut soudé, pour n'être plus ouvert que cent cinquante-neuf ans plus tard, par M. l'abbé Deblaye.

Voici le procès-verbal de cette auguste cérémonie.

« L'an 1690, le 14e jour de novembre, Nous Jean du Han, prêtre, curé de Moncel et doyen de la chrétienté du Neufchâteau, Jean Mouginot, prêtre et curé dudit Neufchâteau, et Claude Dominique Girardin, prêtre, curé de Saint-Élophe, commissaires députés par **MM.** de Laigle et Menget, vicaires-généraux de l'évêché de Toul, le siége vacant, Nous sommes transportés dans le chœur de la paroisse de Saint-Nicolas dudit Neufchâteau, où, étant en présence de Messire Labbé François, chevalier, baron de Bofremont, président en la chambre des Comptes de Lorraine, de Messire Daniel Royer, seigneur de Montry, etc., de Messire François-Simon Sallet, seigneur d'Outrancourt et lieutenant-général du baillage de Bassigny; de Dame Anne Sallet, veuve dudit sieur Despinal, vivant colonel dans les troupes de Lorraine et de Dame Claude-Etiennette de Chalus, veuve du sieur Charles Sallet, vivant seigneur dudit Outrancourt, et lieutenant-général de Bassigny, en qualité de tutrice de ses enfants mineurs, et dudit sieur d'Outrancourt, son mari, tous héritiers de feu Messire Simon Sallet, baron de Coussey, Besonvaux, etc., trésorier-général de Lorraine, conformément au mandement de mesdits sieurs vicaires-généraux, à Nous adressé, du 26 septembre dernier, Nous avons tiré les précieuses Reliques du glorieux martyr saint Élophe, de l'ancienne châsse où elles étaient enfermées, apportées en procession solennelle en ladite église de Saint-Nicolas, et icelles exactement reconnues, après avoir fait dessouder le coffret d'étain où elles sont actuellement, les avons mises et transférées dans la nouvelle châsse ornée et garnie d'argent, donnée par lesdits sieurs héritiers, suivant et en exécution de l'intention dudit sieur Simon Sallet.

» Fait en l'église dudit Saint-Nicolas, en présence de **MM.** les maires et conseillers de ladite ville, qui se sont soussignés avec Nous, les jour et an d'autre part.

» F. Labbé. — Royer. — S. Sallet, seig. d'Out.-C. E.

de Chalus. — Sallet. — Anne Sallet. — Hyacinthe Hannus. — Diez, mayeur. — J. Huguet, conseiller. — F. Thomas. — C. J. Mouginot, conseiller. — du Han. — J. Mouginot. — Girardin.

Les habitants de Saint-Élophe quittèrent Neufchâteau, au son des cloches, et suivis bien loin d'une foule de spectateurs, ils revinrent processionnellement comme ils étaient partis, heureux des honneurs rendus à leur saint Patron. Ils placèrent leur belle châsse dans la chapelle des saintes Reliques.

CHAPITRE XVIII

Léopold, duc de Lorraine, visite le tombeau de saint Élophe. — Supplications solennelles a sainte Libaire et a saint Élophe dans la ville de Neufchateau. — Les paroisses du voisinage sollicitent le bonheur de posséder pendant quelques jours les reliques du saint Martyr. — Sages précautions prises dans ces circonstances.

Léopold, duc de Lorraine, succéda à son père Charles V, l'immortel vainqueur des Turcs sous les murs de Vienne. Un esprit vif et judicieux, pénétrant et docile, une humeur douce et affable, un cœur bon, tendre et généreux, sensible aux sentiments de la piété autant qu'à ceux de l'honneur, firent de ce prince le héros dont Voltaire a pu dire : « Il est à souhaiter que la postérité apprenne qu'un des plus petits souverains de l'Europe a été celui qui a fait le plus de bien à son peuple. » Il eut la prudence d'être toujours bien avec la France et de se faire aimer de l'Empire. Il tint ce juste milieu, qu'un prince sans pouvoir n'a jamais su garder entre deux grandes puissances. Il ne s'est occupé que du soin de procurer à sa nation la tranquillité, les richesses, des connaissances et des plaisirs. Il épousa la princesse Élisabeth-Charlotte d'Orléans, nièce de Louis XIV.

Le 1er juin 1706, ces augustes et pieux époux visitèrent le tombeau du saint Martyr. Dominique Girardin, curé de Saint-Élophe, avait eu l'honneur, comme doyen de Neufchâteau, de complimenter leurs altesses royales, et de leur souhaiter la bienvenue. Quelques jours après, il fut prévenu, par le grand aumônier, de la visite des illustres pèlerins et de leur désir d'entendre sa messe.

Le curé de Saint-Élophe, avec toute sa paroisse, fit l'accueil le plus pompeux à ses souverains bien-aimés, et leur rendit tous les honneurs possibles. Léopold et Charlotte, dont la piété fut admirée de tous, se montrèrent gracieux, témoignèrent leur satisfaction, admirèrent l'église et ses riches ornements, et partirent au milieu des cris de joie et d'amour de cette heureuse population.

Ils ne furent pas les seuls dignitaires qui rendirent hommage au tombeau de saint Élophe. Combien de souverains, avant eux, combien, plus tard, d'illustres personnages, dans le clergé, dans la noblesse, dans la magistrature et les armes, sont venus implorer la protection du puissant ami de Dieu! L'héroïne de Domremy, des hauteurs du Bois-Chênu, voyait l'église du saint Martyr. Sans doute, la pieuse enfant vint aussi, avec ses jeunes compagnes, s'agenouiller auprès du tombeau de l'invincible soldat de Jésus-Christ.

En 1719, la chaleur fut extrême. Le soleil avait prodigué ses rayons brûlants, et depuis trois mois une désolante sécheresse consternait les populations. Les herbes, les plantes desséchées menaçaient d'une de ces famines, qui déjà d'autres fois avaient affligé le pays.

Dans tout le diocèse, ce n'était que jeûnes, neuvaines et supplications, lorsque la ville de Neufchâteau résolut des prières publiques et solennelles.

Ses bourgeois sollicitèrent les habitants de Saint-Élophe et de Grand de leur confier les châsses de leurs saints Patrons. Cette demande était trop juste pour éprouver un refus. Malgré une chaleur accablante, et des chemins difficiles, la paroisse de Grand se fit un bonheur d'accompagner, jusqu'à destination, le peu de reliques que leur avait laissé l'évêché de Toul. Les religieux Prémontrés de Mureau, les Récollets de Liffol, toutes les populations voisines accoururent grossir le pieux cortége.

Tandis qu'une avalanche de pèlerins descendait des hauteurs de Mont à la suite de sainte Libaire, les flots d'une multitude innombrable se pressaient, sur la route de Nancy, derrière la châsse de saint Élophe. Les heureux spectateurs des grands pèlerinages de Sion, de Paray-le-Monial, de Lourdes et de la Salette peuvent comprendre l'émotion, le tressaillement qu'on dut éprouver en face de cette explosion de piété, de ce grand nombre de prêtres et de religieux accourus comme ambassadeurs et témoins, de ces files de vierges et d'enfants revêtus des livrées de Marie, de cette foule agitée comme un océan de personnes de tout âge et de toute condition, de ces milliers de voix, remplissant les airs d'hymnes, de cantiques et de supplications !

Plus de cent processions étaient venues des pays de Châtenois, de Colombey, de Vaucouleurs et de Gondrecourt. Vingt mille personnes attendaient aux portes de la ville. Quand brillèrent, aux rayons du soleil, les châsses des glorieux martyrs, il y eut un frémissement universel de bonheur, de confiance et de doux espoir. N'était-ce pas l'arrivée d'amis bienfaisants?

Les saintes Reliques furent portées en triomphe à l'église, où elles demeurèrent exposées à la vénération des fidèles pendant neuf jours. Tandis que des milliers de pèlerins levaient vers elles leurs regards suppliants, saint Élophe et sainte Libaire, la palme du martyre à la main, offraient dans le ciel à l'éternel dispensateur de tous biens, l'encens de ces ardentes prières.

Dieu se laissa toucher par les larmes de son peuple. A peine les châsses des Saints furent-elles de retour au seuil de leurs églises, qu'une pluie abondante, de vingt-quatre heures, ranima la nature et sauva les récoltes. La ville reconnaissante offrit des couronnes d'argent aux saints martyrs.

Si Dieu, pour se venger de nos péchés, dit un historien, ou pour exercer notre foi, nous menace de quelques calamités publiques ou nous fait déjà sentir le fléau de sa colère, nous n'avons point de plus fidèle protecteur que saint Élophe. Si le ciel est de bronze, si nous sommes en danger de la contagion par l'intempérie de l'air, si la mortalité nous accable, si les moissons sont brûlées par les ardeurs excessives du soleil, ou si les pluies continuelles, les vents, la tempête ravagent nos campagnes, nous avons une confiance, confirmée par une expérience certaine, que la protection de saint Élophe fléchira la justice de Dieu, et nous soulagera dans nos malheurs.

C'est un spectacle bien émouvant de voir ces multitudes de personnes venir de loin, en procession à la suite du clergé à l'église de Saint-Élophe, lui offrir leurs vœux, et, après avoir demandé, comme une grâce insigne, qu'on leur confiât, pour quelques jours seulement, la châsse où les précieuses Reliques sont enfermées, de les voir porter en triomphe ce précieux dépôt dans leurs églises en chantant des hymnes, et honorant son passage par des fleurs, de l'encens, des feux de joie, et le son harmonieux des cloches.

Pendant le séjour des saintes Reliques dans une paroisse, les prières multipliées, les offices solennels, la parole divine, attirent un grand concours de peuple. La foi se ranime, la piété s'éveille, les âmes se purifient, et, sous l'influence salutaire de la grâce, Dieu est honoré et glorifié.

Chaque année cette faveur était accordée à plusieurs églises, non-seulement dans les temps malheureux pour fléchir le courroux du ciel, mais dans les temps ordinaires, pour satisfaire la dévotion des fidèles et accroître la crainte de Dieu. Les églises de Saint-Nicolas et de Saint-Christophe de Neufchâteau, celles de Rouceux, de Maxey, de Puncrot, et surtout celle de Ruppes, se sont toujours fait remarquer par leur empressement à jouir de ce bienfait.

Quelquefois des personnages remarquables, soit par la noblesse de leurs familles, soit par les dignités dont ils étaient revêtus, obtenaient la même grâce que les paroisses.

Henriette de Lorraine, fille de François, comte de Vaudémont, nièce de Henri II, sœur de Charles IV et du cardinal Nicolas-François, épousa Louis de Guise, baron d'Ancerville, prince de Phalsbourg et de Lixheim, dont le père fut cruellement assassiné au château de Blois. Elle lutta avec un courage héroïque pour sa famille contre Richelieu qui en était le mortel ennemi, et sut éluder les piéges de l'astucieux cardinal. Elle ménagea la célèbre fuite de Nancy.

Le 1er avril 1634, revêtu des habits d'un jardinier, Nicolas-François, portant une hotte de fumier, traversa la porte Notre-Dame. Il était suivi de près par sa cousine, Claude de Lorraine, devenue tout-à-coup son épouse par les pressantes exhortations du B. Pierre Fourier. Déguisée en page, elle portait une torche devant le gentilhomme Bornet qui la gourmandait rudement devant le corps-de-garde, afin d'éloigner tout soupçon.

La princesse de Phalsbourg s'était enfuie par la porte Saint-Nicolas, cachée sous le manteau de l'anglais Brown, qui, depuis quelque temps, faisait tous les jours le pèlerinage de Notre-Dame-de-Bon-Secours pour obtenir la guérison d'un mal fort grave qu'il feignait d'avoir à la jambe. Ils étaient tous les trois en Franche-Comté lorsque les gardes français croyaient les tenir étroitement serrés au palais ducal.

Fatiguée des émotions continuelles d'une vie constam-

ment agitée, Henriette se retira en son castel de Neufchâteau, l'hôtel-de-ville actuel. Pendant l'automne de 1660,
elle tomba dangereusement malade. Elle se fit apporter la
châsse de Saint-Élophe. En présence des Reliques du
saint Martyr, la noble princesse, si brillante et parfois si
légère à la cour de Lorraine, se recueillit en face de
l'éternité, et se prépara avec une grande dévotion à paraître
devant le souverain Juge.

Elle mourut le 16 novembre suivant et fut inhumée au
monastère de Sainte-Lucie, près de Saint-Mihiel, entre
son premier et son quatrième époux François de Grimaldi,
jusqu'à ce que la République française, une, indivisible,
sous le règne de la liberté, de l'égalité ou la mort, les
arracha de leur caveau, pour les jeter au cimetière com-
munal.

Cependant la population de Saint-Élophe, jalouse de
son inappréciable trésor, le couvrait constamment de la
plus tendre sollicitude, et ce n'est qu'après les précautions les plus minutieuses qu'elle consentait à s'en séparer
momentanément. Outre les garanties les plus rigoureuses, deux chateliers de Saint-Élophe devaient suivre
la châsse et ne pas la quitter. Un notable devait demeurer
en otage jusqu'à son retour. Les conditions posées aux
habitants de Ruppes en sont une preuve évidente.

« L'an 1737, le 3 juillet, par la dévotion ordinaire
qu'ont les habitants de Ruppes d'avoir la châsse où
sont déposées les précieuses Reliques du glorieux martyr
saint Élophe, pour la transporter en procession dans
leur église de Saint-Gengoult, leur paroisse, pour y
implorer la miséricorde de Dieu, et y faire les prières
accoutumées pour la conservation des biens de la terre

et demander à Dieu, par l'intercession de cet illustre
Martyr, un temps favorable pour la maturité et la récolte
de tous les fruits de la terre : pour cet objet, ayant ci-
devant obtenu la permission de Mgr l'Évêque, comte de
Toul, ont supplié le sieur curé de Saint-Élophe de
vouloir bien leur octroyer cet avantage. Ce qui leur a été
accordé favorablement par ledit sieur curé et par les
marguilliers en charge de la paroisse Saint-Élophe.,
sous les conditions suivantes :

« 1° Que lesdits habitants se soumettent de rapporter
la châsse, incontinent après la neuvaine passée.

» 2° Que ladite châsse, étant entièrement rétablie
à neuf, ils la rendront au même état. En sorte que si,
par le transport ou par quelque autre accident, il se
trouve quelque chose de dérangé, dans le corps de la
châsse ou de perdu dans l'argenterie, ils répareront
le tout à leurs frais et dépens.

» 3° Que tous les dons et luminaires que des peuples
voisins auraient la dévotion d'offrir au saint Martyr
appartiendront à la Fabrique de Saint-Élophe.

» 4° Que toutes les offrandes appartiendront de même
à ladite Fabrique, à la réserve de ce qu'on offre à
l'autel pendant les messes, dont la moitié appartiendra
à la Fabrique ou au sieur curé de Ruppes, et l'autre
moitié sera rapportée à Saint-Élophe.

» 5° Que les chateliers ou ceux qui seront préposés
par le sieur curé de Saint-Élophe, pour la suite des
Reliques, seront nourris aux frais de la communauté.

» Pour assurance de tout quoi, les maires, syndics
et habitants ont soumis tous leurs biens présents et à
venir aux rigueurs de justice, et ont présenté, pour

caution, la personne du sieur Nicolas Mærchis, qui s'y est volontairement soumis, pour la représentation de ladite châsse, en son siége, audit Saint-Élophe, qui a signé aussi bien que le curé, lesdits maires et principaux habitants, les jour et an susdits.

» N. Bigeon. — N. Mærchis. — Binot. — P. Mærchis, curé de Ruppes et de Jubainville. »

Au jour convenu, la paroisse qui avait obtenu la faveur de posséder les saintes Reliques, venait les chercher processionnellement, assistait à la messe, à Saint-Élophe, et emportait la châsse, au chant des litanies du saint Martyr. Après la neuvaine, elle la rapportait avec la même solennité, et recevait du curé une décharge, en ces termes :

« Le 7 juillet, les Reliques ont été rapportées de Ruppes, et MM. les habitants ont entièrement satisfait aux clauses portées dans le procès-verbal d'autre part, dont ledit sieur N. Mærchis, caution, est entièrement déchargé.

» Pierre, curé de Saint-Élophe. »

CHAPITRE XIX

Restauration de la chasse. — Apposition des sceaux,
son importance. — Procès-verbal de cet acte.
— Lecture publique de toutes les pièces concernant les saintes Reliques.

Malgré les soins assidus et la surveillance la plus
scrupuleuse, la belle châsse de Simon Sallet eut à souffrir
des rigueurs du temps et finit par se détériorer. Il plut
aux chateliers, syndics et autres d'en confier la réparation
à un maître menuisier de Ruppes, Jean-François Courtois,
sans doute un de ces hommes remarquables auxquels il
ne manque, pour devenir illustres, qu'un milieu plus
grand, et l'étude des méthodes et des règles de l'art.

Le marché conclu avec cet ouvrier témoigne encore de
la piété craintive des paroissiens de Saint-Élophe.

« En 1772, le 2 du mois d'août, en présence des
maires, syndics et principaux habitants de cette paroisse,
avec le consentement du sieur curé, un marché a été fait
par eux avec le sieur Jean-François Courtois, menuisier
demeurant à Ruppes, pour le parfait rétablissement de
la châsse de saint Élophe.

» En conséquence, ladite châsse a été ouverte par moi,
curé soussigné, pour en ôter les précieuses Reliques du
glorieux martyr saint Élophe, et ladite châsse a été livrée

audit sieur Courtois pour l'accomplissement de son traité.
Pour sûreté du transport et du rapport de ladite châsse, il
a affecté tous ses biens présents et à venir, et y a renoncé.
Il a donné pour caution la personne de François Charré,
charron, demeurant à Ruppes, qui a soumis volontairement
tous ses biens présents et à venir, ainsi que Dominique
Galland, cordonnier, demeurant à Brancourt, Pierre
Gardeux, demeurant à Soulosse, qui ont signé.

» F. Charré. — D. Galland. — P. Gardeux. — Courtois.
— Pâquet, curé de St-El. »

Le pieux ouvrier accomplit exactement les conditions
de son marché. Il mit tout son talent à perfectionner son
travail. Il eut le plaisir de recevoir des autorités de Saint-
Élophe ce beau témoignage de satisfaction :

« L'an 1772, le 20 du mois de septembre, en présence
des maires, syndics de cette paroisse, le sieur Courtois,
maître menuisier à Ruppes, a rapporté la châsse de saint
Élophe, qui était déposée chez lui pour la rétablir selon
le traité fait entre lui et lesdits maires et syndics. Après
avoir examiné, pardevant M. Pâquet, curé de cette
paroisse, si ladite châsse est en l'état voulu par ledit
traité en date du 2 août de la présente année, et si toute
l'argenterie est en égale quantité que lors du transport de
ladite châsse chez ledit Courtois, ayant trouvé le tout
dans le meilleur ordre et parfait rétablissement, nous
maires, syndics soussignés, avons reçu et agréé ladite
châsse, déclarant en être très contents, déchargeant en
conséquence ledit sieur Courtois, ainsi que François
Charré, Pierre Gardeux, Dominique Galland, du caution-
nement qu'ils avaient fait tous les quatre de leurs biens
présents et à venir, pour la sûreté du transport et du

rapport de ladite châsse, le tout du consentement et sous l'agrément de notre dit sieur curé.

» P. Gardeux. — J. Messager. — E. Bastien. — F. Floquet. — E. Malvoisin. — M. Marchal. — Coznelis. — J. Burné. — J. Pâquet, curé. »

Lors de la réparation de la châsse par le sieur Courtois, eut lieu un fait bien remarquable et tout providentiel, une preuve manifeste que la grâce de Dieu couvre de sa protection les restes de son serviteur, pour qu'aucun d'eux ne périsse : l'apposition des sceaux sur le coffret des saintes Reliques. Auparavant, il n'en est fait aucune mention. Elle ne semblait pas nécessaire.

Les saints ossements, en effet, placés dans une cassette d'étain soudée de toutes parts, étaient déposés dans une châsse, dont la clef était toujours déposée en lieu sûr. Excepté les jours de grandes solennités où elle était exposée au chœur, la châsse était enfermée dans une chapelle impénétrable. Dans ses divers transports, elle était l'objet de précautions extraordinaires. Sous la sauve-garde de tous, elle se trouvait dans une situation privi-légiée, où toute violation, toute fraude pieuse étaient devenues impossibles.

Mais des temps mauvais approchaient, où, si la piété courageuse de quelques fidèles pouvait sauver les saintes Reliques de la destruction, elle n'aurait pu leur conserver le caractère sacré qui leur est nécessaire et dont la perte eût été irréparable.

Voici comment l'auteur raconte lui-même cet évènement:

« L'an 1772, le 2 du mois d'août, huitième dimanche après la Pentecôte, à l'issue des vêpres paroissiales, après avoir fait, ci-devant, l'ouverture de la châsse où

posent les précieuses Reliques du glorieux Martyr saint
Élophe, et en avoir ôté le coffret des Reliques, en surplis
et en étole, en présence d'un grand nombre d'habitants
de cette paroisse, pour ladite châsse être transportée à
Ruppes, chez le sieur Courtois, pour y faire toutes les
réparations portées dans le traité fait ci-devant entre lui
et les fabriciens, maires, syndics et principaux habitants
de cette paroisse, chez Étienne Pierre, charpentier,
demeurant à Saint-Élophe, en présence de **M. Gallet**,
curé de Ruppes, avec mon consentement.

» **Je, Joseph Pâquet**, prêtre, curé de la paroisse de
Saint-Élophe et ses annexes, ai ôté le morceau de damas
cramoisi qui enveloppe la boîte d'étain où sont renfermées
les saintes Reliques, pour m'assurer si ladite boîte
n'aurait pas été ouverte dans quelqu'une des paroisses où
la châsse aurait été transportée ; mais l'ayant trouvée
soudée de toutes parts, je me suis convaincu que nulle
ouverture n'y avait été faite.

» Cependant, comme cela pouvait arriver, et qu'il ne
serait pas impossible qu'on resoudât ladite boîte après en
avoir fait l'ouverture, j'ai mis un fil double dans les char-
nières du devant de la boîte. J'ai cacheté les extrémités
de ce fil sur la boîte, au devant, avec de la cire d'Espagne
rouge, et j'ai mis l'empreinte de mon cachet, pareille à
celle que l'on trouvera à la marge du présent procès-
verbal. J'ai de plus remis le morceau de damas cramoisi
autour de la boîte, j'y ai mis, au milieu du dessus,
l'empreinte dudit cachet. J'ai ensuite mis un ruban blanc
autour de la boîte. J'ai cacheté ledit ruban aux deux
bouts, l'un tenant avec l'étoffe cramoisie et l'autre comme
on peut le voir. J'ai ensuite mis la même empreinte au

bas du milieu dudit ruban, au devant de la boîte, tenant après l'étoffe ; en sorte qu'il est impossible que jamais la boîte soit ouverte, que même le ruban blanc soit ôté, et que le morceau de damas cramoisi qui enveloppe la boîte soit décacheté sans qu'on le voie, surtout avec la connaissance du présent procès-verbal, dont le double restera dans la châsse pour y avoir recours toutes les fois que les paroisses qui l'auront obtenue la rapporteront. Et en cas d'enlèvement dudit double, on en prendra toujours une copie, sur le présent registre.

» Fait double, les an et jour avant dits.

» Pâquet, curé de St-Él. »

Cette apposition de sceaux, si bien détaillée, a été faite, il est vrai, par le curé de Saint-Élophe, agissant de son autorité privée. Rien n'indique qu'il ait reçu pour cela une commission émanée de l'Ordinaire diocésain. Cependant cet acte fait en toute publicité, en présence d'une population intéressée, constaté par un procès-verbal, lequel est consigné dans les archives publiques, lui donne, sinon un caractère légal, au moins une force parfaitement valable pour l'appui de la vérité.

Lorsque la châsse, parfaitement rétablie, eut été rapportée de Ruppes, le 20 septembre 1772, en présence des maires, syndics et de la paroisse entière, réunis pour la célébration des saints Mystères, l'abbé Pâquet lui avant la messe le procès-verbal d'apposition des sceaux, ainsi que tous les actes concernant les saintes Reliques, afin que tous pussent les connaître, et il désigna le lieu où ils étaient déposés pour y recourir si, dans la suite, il fallait constater que le coffret n'a pas été ouvert.

Il replaça ensuite solennellement, avec toutes les cérémonies d'usage, la cassette contenant les restes sacrés du Bienheureux, dans la châsse de Simon Sallet, ainsi que les titres authentiques et le certificat du dépôt des actes, signé et scellé de son sceau et de ceux des quatre maires, et des quatre syndics comme représentant la paroisse.

La prudente sollicitude du curé de Saint-Élophe ne tendait qu'à préserver la châsse de toute pieuse indiscrétion pendant les transports dans les diverses paroisses du voisinage. Mais les desseins de Dieu lui donnaient une bien autre importance. Absorbé par les soins du ministère pastoral, l'abbé Pâquet ne s'en doutait peut-être pas, mais une tempête formidable grondait dans le lointain et menaçait la société chrétienne d'une destruction complète.

CHAPITRE XX

LIGUE DES PHILOSOPHES CONTRE DIEU. — LEURS CHEFS VOLTAIRE ET ROUSSEAU. — ÉPANOUISSEMENT DE LEURS DOCTRINES DANS LA CONVENTION. — PERSÉCUTION.

Une ligue de savants, connus sous le nom de philosophes forma l'horrible complot d'écraser la religion de Jésus-Christ, qu'ils appelèrent l'infâme. Tous, grands et petits, se mettent à l'œuvre. Les uns fouillent les entrailles de la terre, les autres interrogent les astres, ceux-ci compulsent les annales des peuples anciens, ceux-là font des calculs, tous s'efforcent de prendre la religion catholique en défaut et de la mettre en contradiction avec les sciences naturelles, les traditions et les monuments de l'histoire. Des nuées de pamphlets se répandent de tous côtés, l'incrédulité et le libertinage sont prêchés sur tous les tons. Dieu est banni des choses de ce monde !

Les Bergier, les Bullet, les Guénée et une foule d'autres illustres écrivains réfutent victorieusement ces étranges doctrines, mais leurs apologies, quoique sans répliques, sont accueillies par le rire et le sarcasme.

Parmi ces philosophes, il en est deux dont les noms ne doivent être prononcés qu'avec horreur, parce qu'ils ont par leur malice attiré sur nos têtes d'incalculables fléaux, François Arouet de Voltaire et Jean-Jacques Rousseau. Ils doivent être connus, afin que tous apprennent à maudire leurs œuvres et à craindre le poison de leurs doctrines.

Voltaire commença ses études chez les Jésuites qu'il effraya par la hardiesse de ses opinions. L'un d'eux lui dit un jour qu'il serait en France le porte-étendard de l'impiété. Il ne se trompa nullement. Mauvais fils, mauvais citoyen vendu à la Prusse, il ne sut que rire des malheurs de son pays. Sa vie n'offre qu'un long tissu de libertinage, de friponneries, de basses flatteries, d'hypocrisies et de sacriléges.

Ce coupable écrivain se retira à Ferney. C'est de là qu'il lançait contre ses ennemis, contre la religion et les gouvernements, une multitude de diatribes, dans lesquelles on ne sait ce qu'il faut le plus mépriser, ou

de son fanatisme furibond, ou de son impudence, ou de
son cynisme révoltant. « Mentez, mentez hardiment,
mes amis, écrivait-il à ses disciples, il en reste toujours
quelque chose ! »

A 85 ans, ce vieillard impur sentit son éternité s'approcher. Il fut saisi tout-à-coup d'horribles frayeurs.
Il invoqua le Dieu qu'il avait tant outragé. Il demanda
le secours du prêtre qu'il avait bafoué. Mais un demi-
siècle de blasphèmes avait lassé la patience de Dieu. Le
prêtre n'arriva pas ! Le malade tomba dans les convul-
sions et la fureur du désespoir. Les yeux égarés, blême
et tremblant d'effroi, il s'agite et se déchire. Son dernier
soupir fut le râle d'un réprouvé. « En vérité, c'est trop
fort, s'écria le maréchal de Richelieu, témoin de ce
spectacle épouvantable. » Ainsi mourut le patriarche de
l'incrédulité.

Tandis que Voltaire corrompait la jeunesse légère et
superficielle, Rousseau s'adressait aux hommes qui se
regardaient comme sérieux penseurs, esprits forts.
Protestant, il développa et appliqua à la société les
dangereux principes de la Réforme. Impie, incrédule et
débauché, il devait se déclarer contre la religion. L'incrédulité naît dans la fange et n'est défendue que par les
libertins.

Voltaire trace ainsi le portrait de ce fameux philosophe:
« C'est un gredin, un polisson, un charlatan sauvage,
un fou de village, écrivant des impertinences dignes de
Bicêtre, un hypocrite, un ennemi du genre humain, un
basset hargneux et mutin, un sombre énergumène, pétri
d'orgueil et dévoré de fiel, un athée, qui aurait mérité
d'être pendu, pour avoir fait des livres abominables. »

« Ame abjecte, lui répond Rousseau, c'est la philosophie qui te rend semblable aux bêtes ! »

Quelle haute estime ils avaient l'un de l'autre, ces illustres précepteurs des temps modernes ! Du reste, ils savaient se rendre justice à eux-mêmes. « J'ai perdu le temps de mon existence, disait Voltaire, à composer un énorme fatras dont la moitié n'aurait jamais dû voir le jour. » « Je ne regarde aucun de mes livres, sans frémir, continue Rousseau. Au lieu d'instruire, je corromps, au lieu de nourrir, j'empoisonne. Mais la passion m'égare, et avec tous mes beaux discours, je ne suis qu'un scélérat ! »

Comment est-il possible que ces fastueux docteurs du genre humain, les derniers des hommes après ceux qui les admirent, soient devenus l'objet des éloges et de l'admiration fanatique de leur siècle et du nôtre? C'est qu'ils disaient tout haut ce que les hommes irréligieux de toutes les nuances et de toutes les conditions pensaient tout bas. Leurs voix impures n'étaient que l'écho de tous les cœurs corrompus qui remplissaient le monde.

Docile aux leçons de tels maîtres, la ligue infernale qui avait juré la ruine du catholicisme se fortifia de jour en jour, et bientôt l'impiété fut de mode. L'Église, comme une tendre mère, par la bouche de ses ministres, poussa des cris d'alarme. La troupe philosophique n'y répondit que par le mépris et par ce cri plein de menaces sanglantes : « Nous ne voulons pas que Dieu règne sur nous ! »

Le 5 mai 1789, les États-Généraux sont à Versailles ; le 17 juin, le Tiers se déclare Assemblée constituante, et, sur l'ordre de Louis XVI, le Clergé et la Noblesse se réunissent à lui le 27. La plupart des députés étaient imbus des doctrines perverses du philosophe de Genève et du patriarche de Ferney. C'est l'impiété qui domine. Elle se hâte de manifester sa haine contre la religion. Le 4 août, elle s'empare des biens de l'Église, et supprime les ordres religieux le 15 février 1790. Douze mille établissements, chers à la jeunesse, à la vertu, à l'infortune, à toutes les classes, disparaissent avec leurs richesses. La philosophie détruit en un jour l'œuvre des siècles !

Les ouvrages avancés détruits, elle porte la guerre au cœur de la place, à l'Église elle-même, par la rédaction d'un acte schismatique, la Constitution civile du clergé, le 12 juillet ; le 27 novembre, sur la motion d'un calviniste et sous la présidence d'un juif, elle exige que tous les prêtres fassent serment de s'y conformer, c'est-à-dire qu'ils abjurent la foi catholique et la soumission due au Vicaire de Jésus-Christ.

Mais Dieu veillait sur la France. Le clergé, dans ce moment solennel, donna au monde un des plus beaux spectacles dont les annales de l'Église ait conservé la mémoire. Malgré les vociférations et les plus cruelles menaces d'une populace effrénée, les évêques s'écrièrent par la bouche de Mgr de Bonnac, évêque d'Agen : « Les sacrifices de la fortune me coûtent peu ; mais il en est un que je ne saurais faire, celui de ma foi. » Je suivrai mon évêque, répondirent les curés par l'abbé Fournet du même diocèse, je marcherai sur ses traces jusqu'au martyre !

Cette sublime profession de la foi catholique soulève le dépit et la rage de l'impiété révolutionnaire. Elle en tire une éclatante vengeance. Elle se met à piller, à saccager les lieux saints. Plus de cinquante mille églises tombent sous les marteaux de ses démolisseurs. Beaucoup sont converties en habitations particulières, en magasins, en étables, en salles de spectacles, et sous le nom de clubs, en cavernes d'assassins !

Tous les objets religieux furent volés, mutilés, brisés par d'ignobles représentants du peuple. Les prêtres fidèles à leur serment, à leur Dieu, furent poursuivis, traqués comme des bêtes malfaisantes. La langue humaine ne peut retracer les cruautés dont ils furent les innocentes victimes. Un grand nombre furent inhumainement massacrés et tombèrent sous le couteau de la guillotine, heureux de verser leur sang pour Jésus-Christ, leur Maître. Si les autres échappèrent à la mort, ce ne fut que par la fuite. Mais en préférant l'exil et toutes les misères qui en sont inséparables aux jouissances de la vie, ils montrèrent qu'ils se seraient fait aussi une gloire de préférer le martyre à l'apostasie.

CHAPITRE XXI

L'ÉGLISE DE SAINT-ÉLOPHE EST DÉPOUILLÉE DE SES RICHESSES. — SA GRANDE DOULEUR. — SERMENT SCHISMATIQUE. — ORIGINE DE TOUT POUVOIR LÉGITIME. — LA DÉESSE RAISON.

Dans ces jours lamentables, l'église de Saint-Élophe vit aussi tomber sa couronne. Elle fut dépouillée de ses revenus et de ses richesses. Ses croix furent brisées, ses bannières déchirées et foulées aux pieds, ses vases d'or et d'argent portés à la monnaie. Le juif cupide put, à vil prix, tirer les fils d'or de ses ornements sacerdotaux. Ses belles cloches, qui tant de fois avaient appelé les pèlerins à la prière, transformées en canons, s'en allèrent comme les autres semer la mort sur les champs de bataille.

La châsse de Simon Sallet fut portée à Mouzon-Meuse (Neufchâteau) et ses lames d'argent devinrent la proie de quelques scélérats. Mais Dieu qui, dans les siècles passés, avait préservé les Reliques du saint Martyr de la fureur des Huguenots, des Reîtres et des Suédois, les déroba encore à la rage sacrilège des hommes de la Terreur. Avant leur arrivée, la précieuse cassette fut remise entre

les mains de familles respectables qui, pendant les jours
mauvais, la gardèrent avec un soin et une tendresse dont
une mère seule est capable. La vue du tombeau inspira
un tel respect qu'il échappa aux outrages, ainsi que les
statues qui le décorent.

Une douleur plus amère encore était réservée à l'église
de Saint-Élophe. Elle se vit abandonnée de son époux;
son pasteur tomba dans le schisme révolutionnaire et brisa
les liens sacrés qui l'unissaient à la religion divine qui
l'avait choisi pour son prêtre. Il subit l'humiliation d'ap-
poser sa signature à l'acte étrange que voici :

« Cejourd'hui, 24 prairial an III de la République
française, une, indivisible, est comparu à la maison
commune de Saint-Élophe, département des Vosges,
district de Mouzon-Meuse, devant la municipalité assemblée, le citoyen Joseph Pâquet, ci-devant curé de
Saint-Élophe, lequel a fait la déclaration dont la teneur
suit :

» Je reconnais que l'universalité des citoyens français
est le souverain, et je promets soumission et obéissance
aux lois de la République.

» Nous l'avons appelé pour notre ministre du culte
catholique. Il nous a donné l'exemple dès le commencement de la Révolution de la soumission aux lois de la
République.

» Il a déclaré qu'il se propose d'exercer le ministère
d'un culte sous la dénomination de catholique, apostolique
et romain, dans l'étendue des communes de Saint-Élophe,
Soulosse, Fruze et Brancourt.

» Le local choisi par nous pour l'exercice du culte, est
la ci-devant église paroissiale située à Saint-Élophe.

» Nous lui avons donné acte de ces déclarations comme il nous en a requis et a signé avec nous.

» J. Pâquet. — Claude Ory. — P. Dessard. — François Messager. — Élophe Messager. — Etienne Raison. — Galland. »

Pauvre ci-devant curé, vous réclamez comme un titre d'honneur un certificat de soumission aux lois de la République! Mais cette République, c'est l'épouvantable Convention, le règne de la Terreur, dont les hideux proconsuls sèment partout le deuil et la mort! Ses lois sont ces lois sacrilèges qui ont exilé, massacré vos anciens collègues dans le sacerdoce et chassé Dieu de ses temples profanés!

Pendant plus de trente années, n'avez-vous pas prêché à vos ouailles que Dieu seul est autorité, parce que seul il est auteur de toutes choses?

La souveraineté, dites-vous, réside dans le peuple. C'est en effet le troisième article du *Credo* chanté par la Convention. Il est de Jean-Jacques. Mais le pacte social de ce philosophe n'est qu'un roman ridicule, qui tend à chasser Dieu de la société pour mettre l'homme à sa place.

Ce n'est pas d'en bas, c'est d'en haut que vient l'autorité. Elle ne peut émaner que de Dieu. Quelle majesté couronne son front, quand on voit le droit de commander jaillir du sein de Dieu et se reposer sur ses ministres! Il a établi lui-même une autorité pour guider notre âme vers sa fin dernière qui est le bonheur éternel : cette autorité, c'est l'Église.

Il laisse au peuple le choix du magistrat qui doit protéger notre corps, maintenir l'ordre et la paix dans la société.

Mais c'est lui qui revêt de sa majesté l'élu de la nation, quel que soit le nom qu'il porte. La société n'est que le canal par où l'autorité va de sa source au souverain.

Celui-ci ne dépend des citoyens que l'instant nécessaire à sa création. A moins de circonstances exceptionnelles, une fois transmise, l'autorité devient irrévocable. Elle a des limites qu'elle ne saurait franchir. La génération qui suit ne peut, au gré de ses caprices, détruire ce que la précédente a établi.

L'autorité spirituelle et l'autorité temporelle ne sauraient être contraires. Elles découlent de la même et unique source qui est Dieu. Bannir Dieu de la société, c'est y détruire toute autorité. Il n'y reste plus de droit que celui que le plus odieux tyran de nos jours a eu la cynique audace de proclamer en face du monde : « La force prime le droit ! » C'est juste celui des bêtes féroces et des peuples sauvages.

De là des guerres inconnues jusqu'alors, où une nation tout entière s'élance sur une nation pour l'écraser si elle est la plus faible. De là des millions de soldats pour garder une petite province. De là les Saint-Just, les Couthon, les Carrier, les Collot-d'Herbois, les Marat, les Robespierre, monstres voués à l'exécration de tous les siècles, qui n'étaient heureux que dans le sang qu'ils ont fait couler à flots. Honte à eux ! honte aux misérables qui invoquent ces hommes affreux comme des bienfaiteurs du peuple !

Croyez-vous réellement, pauvre ci-devant curé, qu'en vous appelant pour le ministre de leur culte, les municipaux de Saint-Élophe vous aient conféré le pouvoir de bénir les alliances, de remettre les péchés et d'offrir à

Dieu le Saint-Sacrifice? Ne vous flattez pas. Vous n'êtes plus catholique, apostolique et romain. Vous n'êtes plus qu'un intrus, un schismatique sacrilége !

De quelle étrange torture devait être agitée l'âme sacerdotale du ci-devant curé, lorsque pénétrant dans sa ci-devant église paroissiale, il apercevait le tombeau du Martyr glorieux qui ne frémit pas, lui, devant le glaive de Julien, et qui fut heureux de sceller de son sang la céleste doctrine qu'il avait prêchée.

La chute du curé de Saint-Élophe fut-elle assez profonde pour l'amener à deux genoux, l'encensoir à la main, devant la prostituée ornée de guirlandes de chêne, ayant à la main une pique, sur la tête un bonnet rouge, un crucifix sous les pieds, portée en triomphe sous le nom de déesse Raison sur les autels du Dieu trois fois saint? Il nous faut croire que non. A la vue de ces turpitudes, épanouissements des principes de la Réforme, il s'enfuit des lieux témoins de ses ignominies.

A la restauration du culte catholique, Dieu se souvint du prêtre qui, par sa vigilante précaution, sauva du naufrage l'authenticité des reliques de son Martyr. Le prêtre jureur détesta son schisme et devint curé d'une paroisse près de Nancy. S'il revint quelquefois à Saint-Élophe, ce fut pour y pleurer sa lamentable chute et faire amende honorable au saint Martyr.

Quoi qu'il en soit, respectons la douleur amère de cette église infortunée. Laissons-la s'envelopper dans le crêpe funèbre de son veuvage pour reporter nos souvenirs vers ses anciens pasteurs.

CHAPITRE XXII

PRÊTRES QUI ONT ADMINISTRÉ LA PAROISSE DE SAINT-
ÉLOPHE JUSQU'A LA RÉVOLUTION. — CHAPELLE DE
BRANCOURT. — CULTE CATHOLIQUE SOUS LE RÈGNE
DE LA TERREUR.

Depuis des siècles, la paroisse de Saint-Élophe était
composée des villages de Saint-Élophe, de Brancourt, de
Rebauvois, de Soulosse, de Fruze et d'Autigny-la-Tour.
La seigneurie de Boinville en faisait partie. Un prêtre,
sous le titre d'aumônier, y faisait les offices pour le curé,
dans la chapelle. Le vicaire de Saint-Élophe était chape-
lain d'Autigny.

Les noms des prêtres vénérables qui ont administré
Saint-Élophe se sont perdus dans la nuit des temps. Ils
ne sont plus connus que de Dieu. Les derniers seuls sont
connus des hommes.

Les sieurs Coüard, oncle et neveux, ont été successivement curés de Saint-Élophe de 1540 à 1600.

Pierre Machon leur succéda. En 1602, il fit imprimer
à Pont-à-Mousson une notice sur le saint Martyr. Malheureusement elle n'existe plus.

Messire Claude de Belmont, d'une famille noble de
Neufchâteau, prit possession de sa cure vers 1640. Il fut
curé de Saint-Élophe et doyen de Neufchâteau, sa ville

natale, où il se retira en 1690 pour se préparer à la mort. Il eut pour vicaires, C. de Belmont, son frère, qui devint curé de Gouécourt (1684). J. Perrier (1686). Charles Urguette (1689).

Claude Dominique Gérardin succéda à Claude de Belmont (1690), et fut comme lui doyen de Neufchâteau. Sous son administration, en 1702, le 2 septembre, les habitants de Brancourt, réunis à la maison curiale de Saint-Élophe qui se trouvait alors dans ce village, résolurent de réaliser un projet qu'ils nourrissaient depuis longtemps, mais dont ils avaient été empêchés par les malheurs des guerres. C'était de construire près du presbytère une chapelle à leur usage, en l'honneur de la Présentation de Notre-Dame.

Ils prièrent leur curé d'aller à Toul exposer à l'évêque leur ardent désir et les motifs qu'ils avaient à fournir, savoir : l'éloignement considérable de l'église de Saint-Élophe, la difficulté de gravir la montagne où elle est située, le grand nombre des habitants du hameau, l'impossibilité d'assister à la messe les jours ouvriers pendant la mauvaise saison, une plus grande facilité pour le curé de porter le Saint-Sacrement aux malades, pour les enfants d'assister au catéchisme, pour tous d'aller à la prière le matin et le soir des grandes fêtes et pendant le carême.

Ils supplièrent en même temps le Révérendissime évêque, comte de Toul, de rendre obligatoire, pour Brancourt seulement, la fête patronale de Notre-Dame. Ils s'offrirent à payer tout ce qui serait convenable pour la construction de la chapelle, pour son ornementation et tout ce qui serait nécessaire pour l'exercice du culte.

A cette demande il fut répondu par l'évêché, en ces termes :

« Nous, grand-archidiacre, official, vicaire-général de Toul, avons commis le sieur doyen rural pour désigner le lieu où il convient de bâtir la chapelle à Brancourt, et la grandeur qu'il est à propos de lui donner.

» A Toul, le 29 septembre 1702. »

Le 24 novembre suivant, le vicaire-général de Laigle accordait au curé de Saint-Élophe, le pouvoir de bénir la chapelle et d'y célébrer les saints Mystères les jours ouvriers, mais jamais le dimanche.

Cette chapelle, élevée par la piété des habitants de Brancourt, a été vendue comme la maison de cure, aux premiers jours de la Révolution. Elle n'existe plus.

C. D. Gérardin eut pour vicaire Joseph-Hyacinthe Gérardin, son frère, plus tard curé de Maxey-sous-Brixey; Élophe Claudot (1712); Étienne Gouzot (1717); Vallentin, depuis curé de Gouécourt (1719); Rochelet (1724); et Royer (1729). Il mourut le 1er août 1729.

Philippe Pierre prit possession de Saint-Élophe le 1er octobre suivant. Ses vicaires furent : Poirson (1730); Claude Bogard (1735); Jean-Baptiste Galland (1741); Grandbastien. Après 17 ans d'un ministère zélé, il mourut le 19 juin 1746.

Charles-André-Gabriel Rossignol fut curé de Saint-Élophe depuis le 24 juin 1747 jusqu'au 1er septembre 1761. Il eut pour vicaires : Grandbastien, Jean-Baptiste Truffaut (1751), et Balland (1760).

Jean Truffaut fut administrateur jusqu'au 25 juin 1762, jour où Joseph Pâquet, fils de Louis Pâquet et de Marie Guerre de Nancy, prit possession de sa cure, n'étant encore que diacre. Il eut pour vicaires : Viller (1762); Jean-Baptiste Pernot (1764); Durand (1766); F.-J.

Dieudonné (1770); Giles-Joseph Closse (1774); Nicolas Millot (1777); Collenot (1785); et Chognot (1791).

Pendant tout ce siècle, la châsse des saintes Reliques fut souvent transportée dans les paroisses, surtout dans les derniers temps. On sentait alors venir les jours mauvais, où de longtemps on n'aurait le bonheur de la posséder.

Bien que l'église de Saint-Élophe fut livrée à l'intrusion, les fidèles ne furent cependant pas entièrement délaissés sous le règne du schisme et de la Terreur. Des prêtres catholiques, malgré les menaces de mort et les poursuites incessantes dont ils étaient l'objet, ne craignirent point de leur apporter les secours de leur saint ministère.

Ces hommes généreux se dérobaient sous toutes sortes de déguisements. Tantôt c'était un paysan, en sabots, à la démarche lourde, avec sa blouse de toile d'étoupe et son bonnet de coton bleu, portant un sac bien enflé et visitant sa clientèle, comme teinturier ou fouleur de bas; tantôt c'était un luron, à l'air hardi, la casquette sur l'oreille, et à la main, un bâton noueux à la poigne de cuir, à la recherche de veaux ou de moutons. Le plus souvent c'était un marchand forain, la balle sur le dos, déclamant les chefs-d'œuvre de son commerce.

A sa vue, la prudente aïeule, au milieu de sa famille, sans rien dire, faisait la révérence et, se signant, remerciait le ciel dans son cœur de l'arrivée de l'homme de Dieu.

A la chute du jour, le marchand s'asseyait au foyer, ou sur le banc de pierre de quelque démagogue du village. Il parlait de la liberté, de la République, du patriotisme des citoyens Danton et Marat, du succès des armées.

Que ne sait pas le marchand? Lorsque les ombres devenaient plus épaisses, il visitait les familles chrétiennes qui, prévenues d'avance, s'étaient préparées à la grâce. Il consolait les affligés, bénissait les alliances, baptisait les petits enfants, remettait les péchés, et montrait le ciel aux mourants.

Pendant ce temps les jeunes filles pieuses disposaient une grange reculée et sûre. La vieille table de chêne se couvrait d'une nappe blanche. Le crucifix de bois, soigneusement caché, y était déposé entre deux chandeliers domestiques. Les verres de parade devenaient des vases de fleurs.

Cependant les fidèles se glissaient, à la faveur des ténèbres, et remplissaient lentement le nouveau sanctuaire, tandis que de vigoureux jeunes gens, placés çà et là en vedettes, examinaient s'ils ne voyaient pas venir quelque sans-culotte acharné à la poursuite du prêtre catholique.

Pendant que celui-ci se revêtait de ses pauvres habits sacerdotaux, un vieillard vénérable, blanchi dans la vertu, arrivait, portant sous les plis de ses vêtements de fête, le précieux coffret contenant les Reliques du Bienheureux saint Élophe. Il le plaçait sur l'autel, y posant avec respect ses lèvres frémissantes. Puis le sacrifice commençait.

Qui pourrait dire la piété du prêtre, l'éloquence de sa parole paternelle et la puissance de ses conseils? Qui pourrait exprimer les sentiments des fidèles et les émotions de tous, quand de jeunes enfants venaient recevoir, pour la première fois, la divine Eucharistie?

Le sacrifice achevé, tout disparaissait et reprenait son

cours ordinaire. Le lendemain, la lourde balle appuyée sur le long bâton, le forain se retournait en partant, pour répéter une fois encore ses monotones annonces. C'était la dernière bénédiction du prêtre proscrit.

Les anciens se plaisaient à parler de ces scènes, et à montrer dans chaque hameau les maisons qui en furent les heureux témoins.

CHAPITRE XXIII

RÉTABLISSEMENT DU CULTE CATHOLIQUE EN FRANCE. — LES CURÉS DE SAINT-ÉLOPHE. — SOLLICITUDE DE MGR CAVEROT POUR LES SAINTES RELIQUES. — VISITE OFFICIELLE DE LA CHASSE DE SAINT ÉLOPHE.

Dieu eut enfin pitié de la France. Le peuple français, dégoûté des saturnales et des orgies de la raison libre, se retourna vers le Dieu de ses ancêtres. Rien de plus aisé que de surprendre et de séduire cette nation légère et croyante. Mais elle est trop intelligente et trop loyale pour demeurer longtemps dupe de l'erreur et complice de l'imposture.

Le 16 juillet 1801, une convention sur les affaires ecclésiastiques fut conclue entre le cardinal Consalvi et Joseph Bonaparte, ratifiée le 15 août, par Pie VII, et

acceptée comme loi de l'État sous le nom de Concordat,
par le corps législatif, le 5 février 1802. Le jour de
Pâques, 18 avril, la cérémonie du rétablissement de
l'exercice public du culte catholique se fit à Notre-Dame
avec la plus grande solennité. Dès-lors les fidèles purent,
sans craindre la mort, adresser leurs prières à Dieu, et
les prêtres revenus de l'exil paraître dans leurs églises
et y exercer leur saint ministère.

François-Joseph Chognot, nommé par l'évêché de
Nancy, le 8 pluviose an XI, à la cure de Saint-Élophe,
en prit possession le 5 ventose suivant. Autigny-la-Tour
devint une paroisse indépendante.

L'abbé Chognot fit réclamer à Neufchâteau la châsse
de Simon Sallet. Elle lui fut rendue, mais dépouillée
complètement de ses riches bas-reliefs d'argent. Un
peintre en bâtiment y appliqua quelques grossières couleurs. La cassette des saintes Reliques fut aussi rendue
à l'Église par les personnes pieuses qui l'avaient conservée pendant la Révolution, absolument dans l'état où elle
se trouvait, lorsqu'elle fut soustraite au sacrilége des
patriotes. Elle fut remise solennellement dans son antique châsse, et conduite en grande pompe dans sa
chapelle ordinaire.

Fatigué d'un ministère exercé dans une paroisse
disséminée, l'abbé Chognot devint curé d'Autigny-la-Tour
le 1er juillet 1827.

Il fut remplacé le même jour, par Charles Zundel, qui
tira les saintes Reliques de leur vieille châsse, et les
plaça dans une autre, ouvrage d'un ébéniste d'Épinal.
Elle était en placage d'acajou, sans moulure ni sculpture,
et vitrée de toutes parts ; elle ne renfermait rien qui pût

inspirer le respect, rien qui pût correspondre à la sainteté de son précieux dépôt, à la beauté de l'église, et à la vénération dont saint Élophe est toujours l'objet.

L'abbé Zundel devint curé d'Uzemain, le 1er juillet 1829. Jean-Nicolas Sonrier lui succéda dans le mois de février 1830. Il fit des efforts héroïques pour soustraire ses petites paroissiennes au malheur des écoles mixtes. Ces écoles sont toujours mauvaises, soit pour l'instruction, soit surtout pour l'éducation, quel que soit le mérite des instituteurs. Mal soutenu, mal secondé dans son excellent projet, il succomba à la tâche, et le 1er novembre 1853, il partit pour devenir curé de Monthureux-le-Sec.

Mgr Caverot avait à peine pris possession de son siége épiscopal, qu'inspiré par son zèle pour la gloire de Dieu, et celle de ses élus, dont le culte parmi les fidèles aide puissamment à leur sanctification, il voulut s'assurer, si pendant les jours mauvais de la Révolution, désastreux pour les saintes Reliques, les ossements sacrés du Martyr de Soulosse n'auraient pas eu à souffrir dans leur authenticité. Il délégua, pour les visiter et en constater la situation, M. Jean-François Deblaye, curé de Hymont, dont les connaissances hagiographiques lui étaient connues.

En vertu de l'ordonnance épiscopale du 18 novembre 1849, M. l'abbé Deblaye se présenta, le 26 du même mois, pour accomplir la mission qui lui était confiée. Il se fit accompagner par M. Paul-François Durand, curé de Saint Christophe, par le docteur Claudot, homme aussi recommandable par sa conduite religieuse que par son habileté médicale, et par Lucien Moinot, négociant, tous de Neufchâteau.

Chapelle du siège de Saint Elophe.
au Cimetière de St Elophe.

C. Fontaine arch. del. 1875.

La paroisse fut prévenue de la prochaine ouverture de
la châsse de saint Élophe. Au jour fixé, tous les habitants
accoururent à l'église pour contempler et vénérer les
Reliques du saint Patron. Ce fut grande fête. Une messe
solennelle fut chantée en l'honneur du glorieux Martyr.
La châsse fut transportée de sa chapelle sur une table
préparée à cet effet dans le chœur, auprès du tombeau.

On put alors admirer l'acte tout providentiel de l'abbé
Pâquet. Le 2 août 1772, celui-ci avait constaté solennellement et d'une manière irrécusable, que le coffret
ordonné par l'évêque de Thiard de Bissy, pour contenir
les Reliques de saint Élophe, n'avait pas été ouvert
depuis que les vicaires-généraux de Laigle et Menget
avaient mandé à messire du Han, curé de Moncel,
de le faire souder de toutes parts, à Neufchâteau, le
14 septembre 1688.

Il apposa lui-même des sceaux nombreux sur le coffret
et sur l'étoffe qui l'enveloppait, de manière à enlever
toute possibilité de l'ouvrir sans les rompre. Or, le
délégué épiscopal put se convaincre que rien, depuis 1772,
n'avait été dérangé, ni dans l'étoffe, ni dans les fils, ni
dans les rubans ; que tout était conforme aux procès-
verbaux qui avaient été dressés, et que par conséquent,
l'authenticité était incontestable, puisque le coffret se
trouvait comme l'avait fermé messire du Han.

Cependant, pour satisfaire la tendre dévotion des fidèles
et contenter leur sainte curiosité, autant que pour affirmer
le nombre précis et la qualité des ossements sacrés, ce
qui n'avait pas eu lieu depuis le partage fait par saint
Gérard, en 964, et en rendre la certitude plus inatta-
quable par les pièces qui y étaient renfermées, il usa de

l'autorisation de Monseigneur. Au chant des hymnes et des psaumes, en présence des témoins, des notables et de toute la paroisse, il ouvrit le coffret d'étain. Il en trouva le contenu conforme au procès-verbal de messire du Han.

Les saintes Reliques furent exposées à la vénération de tous les assistants, puis soumises à l'examen consciencieux du docteur Claudot, qui constata 16 ossements bien entiers, 49 reconnaissables, et 48 tellement morcelés qu'il fut impossible de déterminer les os auxquels ils appartinrent.

Après l'étude la plus approfondie, l'examen le plus sérieux et sur le rapport du docteur Claudot, le visiteur délégué n'eut aucun doute, et déclara hautement l'authenticité des saints ossements certaine et basée sur des preuves directes et positives.

Il termina son long et savant procès-verbal en ces termes :

« Ayant disposé une feuille de papier blanc sur le coton garnissant le fond et les côtés du coffret, nous avons déposé sur cette feuille de papier tous les ossements du saint Martyr soumis à l'examen du docteur Claudot ; nous avons répandu parmi le tout un peu de camphre, pour en favoriser la conservation ; avons achevé de remplir le coffret avec un lit de coton et replié par-dessus le tout les extrémités latérales d'une étoffe de soie jaune qui le recouvrait.

» Tout étant ainsi arrangé, nous avons passé une tresse blanche dans une espèce de charnière qui est pour fermer le coffret, l'avons nouée près de la charnière, puis en avons scellé les extrémités avec de la cire rouge, et notre

sceau sur un morceau de papier fort passé entre les deux
bouts de la tresse. Nous avons ensuite fait ressouder le
couvercle du coffret en notre présence. Puis l'ayant
enveloppé de la pièce de damas rouge, et en plus, entouré
dans le sens de sa longueur d'un large ruban de soie
blanche, nous y avons apposé notre sceau sur de la cire
rouge en autant d'endroits qu'il a été nécessaire pour
qu'on ne puisse, en aucune façon, ouvrir le coffret sans
rompre les sceaux.

» Lecture ayant été faite du présent procès-verbal,
nous l'avons signé avec les témoins et scellé de notre
sceau.

» Deblaye, curé de Hymont. — L'abbé Durand, curé
de Saint-Christophe. — Sonrier, curé de Saint-Élophe.
— E. Fosset. — E. Messager. — N.-J. Ferry. —
N. Royer. — J.-F. Messager. »

CHAPITRE XXIV

MONSEIGNEUR CONSTATE LUI-MÊME L'AUTHENTICITÉ DES
RELIQUES DE SAINT ÉLOPHE ET EN PORTE UNE ORDON-
NANCE CANONIQUE. — DÉGRADATIONS DE L'ÉGLISE DU
SAINT MARTYR.

Moins de deux ans après cette visite, le 2 juin 1851,
Monseigneur vint à Saint-Élophe pour examiner lui-
même la situation des Reliques du saint Martyr. Au
milieu d'un concours immense de peuple, sa Grandeur

ouvrit la précieuse cassette, contempla les saints ossements, en reconnut l'authenticité et porta l'ordonnance suivante :

« Louis-Marie-Joseph-Eusèbe Caverot, par la miséricorde divine et la grâce du Saint-Siége apostolique, évêque de Saint-Dié, à tous ceux qui ces présentes verront, salut en N.-S. J.-C.

» Voulant, pour la plus grande gloire de Dieu et l'utilité des fidèles confiés à nos soins, conserver et augmenter dans l'Église le culte du glorieux Martyr saint Élophe, lequel avec le Bienheureux Euchaire, et les Bienheureuses Libaire, Suzanne et Menne, ses frère et sœurs, furent honorés dès les premiers siècles dans le diocèse de Toul.

» Voulant surtout, par une reconnaissance solennelle, avec l'emploi de toutes les précautions en usage dans l'Église pour l'authenticité canonique des saintes Reliques, assurer à jamais l'authenticité des reliques du glorieux martyr saint Élophe, conservées dans l'église de son nom ;

» Espérant que le culte qui leur sera rendu obtiendra une effusion abondante de miséricordes sur Nous d'abord, puis sur les bien-aimés fidèles de notre diocèse, et en particulier sur ceux de la paroisse de Saint-Élophe, qui ont toujours vénéré et honoré leur saint patron avec une piété remarquable ;

» Avons délégué par notre ordonnance du 18 novembre 1849, M. l'abbé Deblaye, alors curé de Hymont, pour faire la visite de la châsse de saint Élophe et enquérir de la vérité des reliques y contenues.

» Considérant, 1° le procès-verbal de la visite de la

châsse faite par M. l'abbé Deblaye et MM. Sonrier, curé de la paroisse, et Durand, curé de Saint-Christophe de Neufchâteau, en présence des notables et de la majeure partie de la paroisse assemblée, le 26 novembre 1849 ;

» Considérant, 2° le culte public et solennel dont les reliques de saint Élophe, laissées par saint Gérard à l'église du lieu de son martyre, ont été l'objet, sans interruption ni doute apporté à leur authenticité depuis saint Gérard jusqu'à ce jour ;

» Considérant, 3° les diverses visites et reconnaissances desdites reliques dans le cours du XVIIe siècle, par plusieurs évêques de Toul ou par leurs délégués.

» Considérant, 4° toutes les précautions ordinaires et extraordinaires, avec lesquelles la châsse de saint Élophe n'a pas cessé d'être conservée, soit habituellement lorsqu'elle était enfermée dans l'église, soit lorsque, par exception, elle était transportée en d'autres églises pour satisfaire la piété des fidèles.

» Considérant, 5° la parfaite intégrité des sceaux apposés sur le coffret desdites reliques de saint Élophe par le sieur Pâquet, curé de la paroisse, le 2 août 1772, et la même intégrité des sceaux apposés en remplacement de ceux-ci, par Notre délégué, le 26 novembre 1849, comme il est porté au procès-verbal de ladite visite ;

» Considérant, 6° le procès-verbal de l'examen des ossements contenus dans ladite châsse, par M. Claudot, docteur en médecine à Neufchâteau, lequel procès-verbal a pour objet de constater le nombre desdits ossements et leur état de conservation ;

» Après avoir mûrement pesé toutes les diverses preuves et circonstances consignées dans les procès-verbaux de la visite :

» Le saint Nom de Dieu invoqué ,

» Avons déclaré et déclarons par ces présentes, vrais et certains , authentiques, appartenant au corps de saint Élophe, martyr, dont une partie, celle des grands ossements, est conservée en l'église de Saint-Martin de Cologne depuis la donation faite par saint Gérard à Brunon-le-Grand, archevêque de Cologne, et par conséquent dignes d'un culte public, les petits ossements restés à Saint-Élophe, et qui consistent en 16 ossements bien entiers, 49 plus ou moins entiers, mais reconnaissables, et 48 tellement morcelés et détériorés qu'on ne peut déterminer les os dont ils proviennent.

» Ainsi fait en l'église de Saint-Élophe, en présence de **MM. J.-B. Gérard**, notre vicaire-général. — **J.-N.** Sonrier, curé de Saint-Élophe. — **J.-B. Gaire**, curé de Barville. — **F.-J. Poirson**, curé d'Attignéville. — **J.-P.** Guillot, curé d'Autigny-la-Tour. — **F.-N. Maucotel**, aumônier de l'hôpital de Bruyères. — **J.-F. Deblaye**, curé de Sainte-Hélène, commissaire nommé *ad hoc* par Nous. — **C. Messager**, maire de Saint-Élophe. — **E. Fosset**, maire de Brancourt. — **J.-F. Messager**, président de la Fabrique, résidant à Soulosse. — **N. Royer**, receveur de la Fabrique de Brancourt. — **J.-N. Peultier**, conseiller municipal de Saint-Élophe. — **N.-J. Ferry.** — **C.-J. Godard** de Brancourt. — **J.-R. Huin**, maire de Soulosse. Nous avons ouvert ladite châsse, y avons reconnu tous les ossements énoncés au procès-verbal de visite faite le 26 novembre 1849. Nous les avons vénérés, ainsi que tout le peuple présent, et après en avoir extrait deux petits ossements pour notre église cathédrale, Nous les avons respectueusement renfermés dans la boîte de plomb qui les contenait. Laquelle boîte ayant été scellée devant Nous, Nous l'avons entourée d'un ruban de tresse blanche passé en croix, et y avons apposé Notre sceau.

» Fait à Saint-Élophe, le 2 juin 1851. † Louis-Marie, évêque de Saint-Dié. Ont signé aussi, à la minute, les témoins ci-dessus nommés. »

Le pieux Prélat aurait désiré que des reliques si remarquables par leur antiquité et la confiance des peuples, fussent recueillies dans une châsse plus en rapport avec leur mérite. Mais l'aspect de l'église lui laissa comprendre que de longtemps son désir ne pourrait se réaliser. Elle était bien loin, en effet, d'offrir l'image de l'œuvre royale de Marguerite de Bavière.

Les hommes de la Terreur y avaient passé, et ses riches ornements, comme son splendide mobilier étaient devenus la proie des sans-culotte. Lorsqu'elle fût rendue à sa noble destinée, elle dut absorber ses ressources d'un demi-siècle pour se procurer les objets les plus indispensables au culte religieux.

La paroisse ne pouvait que gémir de son impossibilité de réparer les diverses dégradations que son église avait subies dans les temps anciens.

Au lieu des magnifiques verrières données par Charles II, entièrement détruites et brisées, des verres en losanges, calcinés, branlants dans leurs chassis rongés par la rouille, s'agitaient avec bruit au souffle des vents ; les peintures murales avaient disparu sous une triple couche de badigeon. Les autels en ruines, les pavés rompus ou disjoints, les boiseries vermoulues, les bancs disloqués, offraient l'appareil de la plus désolante pauvreté.

Messire Claude de Belmont, pour avoir à Saint-Élophe

un pied-à-terre indépendant, fit construire en 1690 une maison dans l'angle extérieur nord du transept et du sanctuaire. Pour cela, deux fenêtres furent démolies et fermées en maçonnerie. Cette construction déplorable ne fut détruite qu'en 1767 par les syndics des communes. Ils craignirent que le feu prenant dans la cheminée mal tenue de cette maison, ne vint à incendier tout le saint édifice.

Le sieur curé demanda en vain son rétablissement et 500 livres d'indemnité. La maison ne fut pas rebâtie; mais les deux fenêtres ne furent pas ouvertes. Deux autres correspondant à celles-ci furent également fermées par la construction de la sacristie. Dans la nef, trois fenêtres furent diminuées en hauteur d'un demi-mètre et deux entièrement murées. La toiture de l'église menaçant ruine et les murs renversés du cimetière complétaient la désolation des lieux saints.

Les quatre municipalités témoignaient de leur bonne volonté; mais le malheur des temps ne leur permettait pas un autre concours. La Fabrique avait à peine les revenus strictement nécessaires à l'entretien du culte divin. Sans ressources, sans espérances, l'infortunée église de Saint-Élophe, si splendide autrefois, semblait, vouée à une ruine inévitable. Mais la divine Providence veillait sur elle. Elle voulut relever sa couronne et lui rendre sa beauté primitive.

CHAPITRE XXV

Restauration de l'église de Saint-Élophe commencée.
— Chasse nouvelle. — Dernière translation.
— Procès-verbal.

L'abbé Jules Marchand, successivement vicaire de Saint-Nicolas de Neufchâteau, curé de Liffol-le-Grand, missionnaire apostolique dans la Guadeloupe, et curé de Monthureux-le-Sec, succéda à M. Sonrier; il prit possession de la cure de Saint-Élophe le 1er novembre 1853.

Le spectacle lamentable de son église ne le découragea point; et tandis qu'il travaillait avec zèle et intelligence à la sanctification de ses ouailles, il résolut de travailler aussi à la restauration du temple de Dieu. Il se mit hardiment à l'œuvre et y employa la fortune que le Seigneur lui avait départie.

Bientôt furent élevés les trois autels en pierre blanche, exécutés à Nancy. Le pavé fut repris, la toiture réparée, les bancs furent alignés et les murs du cimetière refaits à neufs.

Quelques dons et une loterie l'aidèrent à placer au sanctuaire trois vitraux représentant Notre Seigneur et la sainte Vierge, saint Dominique et saint Élophe, saint Nicolas et saint Joseph, et deux dans le transept, l'Annonciation, sainte Geneviève et sainte Madeleine. Ces vitraux sortirent des ateliers de MM. Fremotte de Neufchâteau.

Il aimait à parler de ses travaux à son frère Justin Marchand, négociant à Nancy, dans le cœur duquel il était sûr de rencontrer une intime sympathie. Ce frère le rendit heureux en transformant la seule cloche laissée par la République une et indivisible, dans la tour de Saint-Élophe, en une magnifique sonnerie de trois cloches fondues à Vrécourt en 1867, par M. Rosier-Martin.

Son bonheur était de s'entretenir de son église. Dans l'intimité fraternelle, il s'animait, s'exaltait, s'enivrait de plaisir en énumérant tous ses brillants projets. Puis tout-à-coup, comme s'ils lui eussent paru impossibles, il s'écriait : Ce serait bien trop beau !

En effet, le bon Dieu se contenta de son ardent désir. Il mourut subitement entre les bras de son frère bien-aimé, le 16 juillet 1868, laissant pour souvenir à ses ouailles qu'il aima jusqu'à la fin, outre ses bons exemples, un Chemin de la Croix, un orgue et une Octave des Morts.

Mais l'œuvre providentielle n'était pas à sa fin. Le frère inconsolable d'une perte si imprévue, puissamment secondé par son épouse, compagne infatigable de son rude labeur, Virginie Pilment, de la famille du bien-heureux Pierre Fourier, guidé par le zèle intelligent et généreux de M. Henri, son neveu, curé de Xirocourt, résolut de réaliser ce que le cher défunt trouvait bien trop beau.

Ses premiers soins se portèrent naturellement vers les reliques du saint Martyr. Il fit venir de Paris une châsse en bronze doré, d'une grande richesse. Elle représente une petite église toute gracieuse, du style roman fleuri. Trois ouvertures sur chaque face en forme de portes, et une

rosace à chaque extrémité, toutes couronnées de riches
frontons laissent apercevoir l'intérieur. Des tourelles sont
placées aux angles. Une toiture à aigrette et à quatre
pans surmontée d'un charmant campanile, couvre l'édifice
qui repose sur un socle en bois doré. Des pierres de
diverses couleurs, placées symétriquement, en relèvent la
beauté. Dans l'intérieur se trouve un tombeau carré long,
en cristal, vissé à la châsse, et dont le couvercle, également
ment à quatre pans, peut recevoir des sceaux qui en
rendent l'ouverture impossible.

Comme en 1690, le transport des saintes Reliques dans
la châsse de Simon Sallet, par l'ordre de MM. de Laigle
et Menget, se fit à Neufchâteau en présence des héritiers
du noble bienfaiteur. On crut d'abord, qu'avec les auto-
risations convenables, la translation des ossements de
saint Élophe pourrait se faire à Nancy, au salon du
donateur, transformé en chapelle ardente, par un vénérable successeur du saint Martyr, M. Voinot, archidiacre
de Toul. L'élite du clergé de la ville, quelques professeurs des facultés, le recteur de l'académie, plusieurs
magistrats et autres notables se promettaient l'honneur
d'assister à cette imposante cérémonie. Mais l'évêché de
Saint-Dié s'en réserva le privilége. C'était son droit.

Le curé de Saint-Élophe dut porter la précieuse cassette
des Reliques au palais épiscopal, où en sa présence,
comme en la présence de M. Marchal, vicaire-général, et
de M. Valentin Vaulot, docteur en médecine à Saint-Dié,
M. Balland, secrétaire-général de l'Évêché, en vertu
d'une délégation particulière donnée par sa Grandeur
le 1er octobre 1869, procéda à la translation des saintes
Reliques ainsi que le constate le procès-verbal dont
voici la teneur :

« L'an mil huit cent soixante-neuf, le douze du mois
d'octobre,

» Nous soussigné, Nicolas-Laurent Balland, chanoine,
chancelier de l'Évêché de Saint-Dié, et gardien des
saintes Reliques qui y sont conservées, agissant en vertu
d'une délégation spéciale donnée par sa Grandeur,
Mgr Louis-Marie-Joseph-Eusèbe Caverot, évêque du
diocèse ;

» Nous sommes rendu en la chapelle du palais épiscopal, accompagné de M. l'abbé Édouard Zeller, curé
de la paroisse de Saint-Élophe, et avons procédé de la
manière suivante au transfèrement des reliques de saint
Élophe, dans la nouvelle châsse préparée à cet effet ;

» M. l'abbé Zeller nous ayant présenté le coffret en
plomb, renfermant les précieux ossements, et le procès-
verbal de sa fermeture par Mgr l'Évêque de Saint-Dié,
le 2 juin 1851, nous avons constaté que les liens du
coffret et les empreintes du sceau épiscopal étaient en
parfait état de conservation et d'intégrité. Nous avons
appelé, pour confirmer cette constatation, M. l'abbé
Marchal, vicaire-général de Mgr l'Évêque, et nous l'avons
prié de rompre lui-même ces liens et sceaux ; ce qu'il
a fait immédiatement et s'est ensuite retiré.

» Ce coffret étant ouvert, nous en avons respectueusement retiré les ossements, les avons étalés sur
une table, et afin d'en vérifier une fois de plus l'identité,
nous avons appelé à l'instant M. Valentin Vaulot,
docteur-médecin en cette ville, qui en a fait sous nos
yeux le récolement et la reconnaissance, ainsi qu'il est
détaillé et certifié au procès-verbal rédigé par M. le
docteur.

» Il est résulté de cet examen, que les ossements susceptibles d'être déterminés sont au nombre de 104. En ajoutant quelques fragments ou esquilles indéterminables que nous avons recueillis pour être conservés au trésor épiscopal des saintes Reliques, on a l'inventaire complet de tout le contenu du coffret venu de Saint-Élophe.

» Cet examen ostéographique terminé, nous avons placé les ossements, isolés les uns des autres, sur un coussin en forme de carré long, recouvert d'une étoffe de drap d'argent, et nous les avons fixés, par des fils de soie rouge. Nous avons ensuite déposé ce coussin dans une châsse ou coffret de cristal transparent, de forme rectangulaire, dont nous avons scellé le couvercle au moyen d'un cordon de soie rouge, sur lequel nous avons appliqué, par devant et derrière, et sur cire rouge, le sceau des armes de Mgr l'Évêque.

» Enfin nous avons remis ledit coffret ainsi scellé, à M. le curé Zeller pour être renfermé dans une plus grande châsse en bronze doré, dans son église paroissiale de Saint-Élophe.

« De tout quoi nous avons dressé le présent procès-verbal signé par MM. Marchal, vicaire-général, Zeller, curé, et par nous.

« J. Marchal, v.-g. — L'abbé Édouard Zeller. — Balland, chan. chanc. »

CHAPITRE XXVI

DESCRIPTION DES SAINTS OSSEMENTS PAR M. VAULOT. —
INAUGURATION DE LA NOUVELLE CHASSE. — PÈLERI-
NAGES. — LA GUERRE. — ACHÈVEMENT DE LA RES-
TAURATION DE L'ÉGLISE DE SAINT-ÉLOPHE.

Les précieux restes du corps de saint Élophe n'ont
jamais été retirés de leur châsse sans être soumis à
l'examen d'un habile et honorable médecin. Lors de la
translation qui eut lieu le 12 octobre 1869, M. le docteur
Vaulot apporta toute l'attention et tout le sérieux possible
à l'étude des ossements du saint Martyr. Le procès-verbal
qu'il en a dressé renferme des détails trop clairs, des
appréciations trop justes, des notions trop exactes, et
détermine d'une manière trop précise le nom, le nombre
et l'état présent des saintes Reliques, pour n'être pas
entièrement rapporté :

« Nous, soussigné, Vaulot (Valentin), docteur en
médecine de la faculté de Paris, domicilié à Saint-Dié
(Vosges), sur la demande de M. l'abbé Zeller, curé de
Saint-Élophe, nous sommes rendu, le 12 octobre 1869,
à deux heures du soir, à la chapelle de Mgr l'Évêque de
Saint-Dié, à l'effet de procéder à l'examen des os formant
les reliques de saint Élophe.

» Nous certifions avoir procédé à cet examen en présence de **M.** l'abbé Zeller et de **M.** Balland, secrétaire-général de l'évêché de Saint-Dié.

» Nous avons reconnu :

I.

1° Une vertèbre dorsale entière, en parfait état de conservation ;

2° Une vertèbre dorsale privée de son apophyse transverse gauche ;

3° Le corps d'une vertèbre dorsale ;

4° Le corps d'une vertèbre lombaire ;

5° La moitié antérieure du corps d'une vertèbre lombaire ;

6° Trente-cinq fragments irréguliers provenant de vertèbres.

II.

» Nous avons distingué parmi les débris provenant des côtes, seize fragments distincts, bien conservés. Quinze de ces fragments proviennent de la partie moyenne de la côte, un seul appartient à la partie postérieure. A côté de ces seize fragments très reconnaissables se trouvaient vingt-quatre débris informes paraissant provenir des côtes.

III.

» Les membres supérieurs nous ont présenté les os suivants :

1° L'extrémité interne de la clavicule gauche ;

2° L'extrémité inférieure du radius droit ;

3° L'os trapèzoïde gauche. (Je veux dire le trapèze gauche);

4° Le scaphoïde droit ;

5° Deux phalanges ;

6° Une phalangine brisée ;

7° Un petit fragment de l'extrémité supérieure d'une phalangette.

IV.

» Les membres inférieurs nous offrent :

1° Un astragale gauche complet, très bien conservé ;

2° Le cuboïde gauche ;

3° Un os cunéiforme ;

4° Six phalanges ou phalangettes du pied ;

5° Cinq têtes de métatarsiens.

» Deux os n'ont pu être déterminés. L'un m'a paru être un fragment d'un os long, l'autre pourrait appartenir au carpe.

» En résumé, ces os appartiennent à un même individu, adulte, ayant atteint son entier développement.

» En foi de quoi, j'ai signé le présent certificat dont j'atteste le contenu sincère et véritable.

» Saint-Dié, le 12 octobre 1869. Vaulot.

» Les soussignés déclarent avoir assisté à la vérification ci-dessus détaillée par M. le docteur Valentin Vaulot, et attestent, autant qu'il leur appartient, l'exactitude du présent procès-verbal.

» Balland, chan., chancelier de l'évêché. — L'abbé Édouard Zeller. »

Tels sont les ossements sacrés qui forment le trésor de l'église de Saint-Élophe. Ce sont les seuls, hélas ! que lui a laissés saint Gérard. Elle a su les soustraire aux outrages et des hommes et du temps, elle les conserve avec une tendresse toute filiale : c'est sa gloire et son bonheur.

L'inauguration de la nouvelle châsse se fit avec grande solennité le 16 octobre 1869, fête de saint Élophe. Elle fut présidée par M. Marchal. Une trentaine de curés des environs en relevèrent l'éclat par leur présence. A la messe, M. le vicaire-général fit jaillir d'un éloquent éloge du saint Martyr des leçons pratiques et des règles de vie parfaitement adaptées aux désirs de son nombreux auditoire. Le soir, les saintes Reliques furent portées en grande pompe autour du village de Saint-Élophe. Les quatre maires, selon leur privilége, accompagnèrent la châsse en costume municipal. Au retour de la procession, la fête fut terminée par une cantate fort remarquable composée, pour ce jour de bonheur, par M. Premier, curé de Maxey-sur-Meuse, et exécutée par des enfants de la paroisse.

Cette belle cérémonie ne fit qu'augmenter la dévotion au saint Martyr. L'année 1870 fut désolée par une sécheresse ruineuse. Comme leurs ancêtres, les fidèles, dans leur détresse, levèrent les yeux vers saint Élophe. Plusieurs paroisses vinrent processionnellement invoquer le puissant ami de Dieu.

Il n'est pas de spectacle plus émouvant que ces démarches solennelles où tout un peuple, hommes, femmes, enfants, vieillards, jeunes filles, viennent de 15, 20, 25 kilomètres, avec leurs pasteurs, le chapelet à la main, chantant des hymnes, des psaumes, des litanies, pour demander à leur Père dans la foi, dont la tendresse leur est si connue, de bénir leurs pénibles travaux, et d'obtenir du Dispensateur suprême de tous les biens, la nourriture de chaque jour.

Accueillis au son des cloches, les pieux pèlerins assistent à la sainte messe avec ferveur, puis se répandent dans l'église, agenouillés, les uns devant les saintes Reliques publiquement exposées, les autres devant le tombeau. Tous visitent les stations du pèlerinage.

Après quelques heures de repos, lorsque, errant dans les environs, on a fait une petite collation, à l'heure indiquée, on se réunit à l'église pour adresser au Saint une dernière prière et recevoir la bénédiction. Puis les bannières flottent au vent, et, à la suite de la croix qui brille au soleil, la procession repart au son des cloches. On revient content, parce qu'on est sûr que le bienheureux Martyr a écouté la prière de ses enfants. Si la pluie ne tombe pas le jour même, c'est le lendemain: jamais, au témoignage des anciens, elle ne s'est fait attendre huit jours.

Si l'habitant des campagnes eut à gémir sur la maigreur de ses récoltes par suite d'une sécheresse trop prolongée, il en perdit bien vite le souvenir au milieu de calamités bien autrement lamentables. La guerre fut déclarée à la Prusse, et bientôt les désastres de Reischoffen, de Sedan, et la chute de Metz, amenèrent les armées allemandes devant Paris. La France était humiliée, battue! Quatre cent mille soldats français, fatalement obligés de mettre bas les armes, promenaient son malheur dans l'empire prussien!

Les plus habiles généraux, frappés de stupeur et comme en délire, ne savent à quoi se résoudre pour sauver la patrie. Un extravagant avocat dont rien n'égale l'impudente audace, sinon la plus incroyable incapacité, Léon Gambetta, s'empare du pouvoir, et de concert avec le ridicule condottiere, Joseph Garibaldi, achève de la précipiter au fond de l'abîme.

La France est l'appui temporel de l'Église. Ce fut sa gloire dans les siècles passés. Le socialisme et le radicalisme émanés de la Réforme, en sont les ennemis acharnés. Est-il étonnant que, personnifiés dans ces absurdes héros, ils aient cherché à l'anéantir pour en finir avec l'œuvre de Dieu ?

Mais la nation catholique n'avait pas rendu le dernier soupir, quoique horriblement blessée. Elle se relève tout-à-coup et s'arrache des serres cruelles de l'aigle prussien au prix de cinq milliards, de l'Alsace, hélas ! et d'une partie de notre pauvre Lorraine. Dieu n'a pas encore épuisé pour elle ses desseins de miséricorde et de gloire.

Toujours sur le passage des peuples barbares, la paroisse de Saint-Élophe eut encore grandement à souffrir de la guerre. Mais, plus heureuse que les Fontenoy, les Nogent et tant d'autres victimes de la sauvagerie allemande, elle n'en éprouva que les petites misères.

Pendant ces jours malheureux, la restauration de l'église fut interrompue. Mais on la continua, dès que la paix fut faite, avec une nouvelle ardeur. Toutes les fenêtres de la nef, sous le ciseau de MM. Laratte père et fils, d'Attignéville, reprirent leurs formes premières. Les deux formant retables aux petits autels, furent ouvertes et toutes enrichies de magnifiques vitraux. Un appui de communion en fonte, style ogival, termina les travaux de 1873.

L'année 1874 vit de nouveaux embellissements s'ajouter à ceux de l'année précédente. Des stalles, des bancs d'œuvre furent construits, en même temps qu'une remarquable boiserie déroulait, autour du sanctuaire et du transept, ses jolies colonnettes et ses belles sculptures. MM. Laratte posèrent les magnifiques portes des sacristies et ouvrirent les fenêtres qui les couronnent. MM. Höner y firent briller les superbes vitraux qui représentent le frère et les sœurs de saint Élophe. Enfin le tombeau sortit de ses ruines et fut splendidement remis à neuf et environné d'une balustrade.

Dans un avenir prochain, les piliers et les nervures dépouillés de leur badigeon, feront paraître leurs richesses et rendront la voûte de l'église une des plus belles du pays. La chaire, œuvre d'un artiste distingué, richement décorée, reprendra sa beauté d'autrefois. La tribune provisoire de l'orgue fera place à une tribune moins embarrassante et d'un meilleur goût. La chapelle vénérable qui, pendant plus de quatre siècles, préserva la châsse des saintes Reliques du pillage et des profanations, retrouvera sa noble gravité. Un bourdon et une chanterelle compléteront la sonnerie la plus belle, la plus sonore et la plus harmonieuse. La toiture en pierre sera changée en toiture d'ardoises. Enfin la vieille tour des évêques de Toul, tout en conservant son antique caractère de forteresse, recevra aussi sa mystérieuse couronne.

Alors la belle église de Saint-Élophe sera redevenue l'œuvre royale de Charles II, telle qu'elle sortit des mains de son auguste et sainte épouse, Marguerite de Bavière.

Alors l'heureux frère pourra, dans son esprit, contempler le bien-aimé frère lui souriant du haut des cieux en voyant réaliser ce qui, sur la terre, dépassait ses espérances et lui paraissait « bien trop beau. »

Que le grand martyr saint Élophe veuille bien, ici-bas,

combler nos généreux bienfaiteurs de toutes les prospérités de la vie, et que le Seigneur soit leur récompense
dans l'autre monde !

CHAPITRE XXVII

ORIGINE ET UTILITÉ DES PÈLERINAGES. — LE PÈLERIN
DE SAINT-ÉLOPHE. — CHAPELLE SAINTE-ÉPAÏOTTE,
SON ORIGINE, SON HISTOIRE. — SOUVENIRS QU'ELLE
RAPPELLE. — SENTIMENTS QU'ELLE DOIT INSPIRER.

Le souvenir des personnages qui ont relevé la gloire
de l'humanité par de grandes actions, des vertus sublimes,
des faits héroïques, rend les lieux qu'ils ont habités si
respectables, que l'on éprouve un besoin impérieux de
les visiter. Il semble qu'en respirant l'air qu'ils ont
respiré, en foulant le sol qui les a portés, en contemplant
les horizons qu'ils ont admirés, on s'identifie à leurs
âmes nobles et généreuses. Ce séduisant attrait est la
source des pèlerinages. C'est lui qui a conduit à travers
le monde, au-delà des mers, tant de nations pour y suivre
les traces du Sauveur aux lieux mêmes où il a vécu ; c'est
lui qui les conduit à Rome, moins pour admirer cette
ville incomparable que pour s'attendrir à la vue des
amphithéâtres, des colisées et des catacombes qui ont
recueilli le sang des martyrs.

Lorsque le pèlerinage n'est pas le produit d'une inquiète

oisiveté, de l'inconstance et de la légèreté, il échappe au blâme sévère que lui inflige l'auteur de l'Imitation. Il devient une œuvre pieuse, utile à l'âme, agréable à Dieu, quand il est une manifestation de croyances religieuses, quand il amène les peuples dans les sanctuaires témoins de la vie, des vertus, de la pénitence et des tourments des héros chrétiens pour les honorer, les invoquer et réclamer leur puissante protection.

Ils étaient beaux, ces lents pèlerinages des fidèles qui cheminaient à pied vers Saint-Martin de Tours, Saint-Jacques-de-Compostelle, Saint-Pierre de Rome et le tombeau de Jésus-Christ, demandant à la fatigue, aux privations, aux dangers des longues routes, un mérite de plus pour leurs prières !

De nos jours, les pèlerinages sont visiblement le moyen providentiel choisi par le Seigneur pour soulever de nouveau le monde, et le replacer dans les voies de la vie. Pie IX, prêchant la croisade de la prière, s'écrie : Il faut aimer beaucoup les pèlerinages. Je désire, dit la Vierge Immaculée à la bergère de Lourdes, qu'on vienne ici en procession. Ce doux et pressant appel fait au monde par un grand Pontife et par une petite fille, est porté jusqu'aux extrémités de la terre, et aussitôt les peuples accourent de toutes parts aux sanctuaires de Lourdes, de la Salette, de Saint-Martin, de Paray et de Saint-Michel, comme ils volaient jadis au tombeau de Jésus-Christ.

La diversité des conditions disparaît dans le sentiment commun de la foi et de la piété. Tous témoignent d'un même respect et attestent la même confiance.

Les voies romaines, tracées par les légions, ouvrirent les chemins aux prédicateurs de l'Évangile. Maintenant

c'est l'industrie moderne, c'est la vapeur qui rendent
possibles ces grandes manifestations, et qui jettent dans
les temples miraculeux des centaines de milliers de
pèlerins. Il y a ici une attraction mystérieuse.

Les enfants de lumière ont compris qu'il faut agir, se
montrer et combattre énergiquement les enfants des
ténèbres ; qu'il est temps de préparer de glorieuses re-
vanches contre les efforts de l'enfer, les faiblesses et les
trahisons du cœur humain. Ils saisissent l'arme invisible
de la prière, surtout de la prière solennelle, afin de
protester, par un sublime acte de foi, contre le scandale
d'une législation athée, cruellement imposée à la nation
très-chrétienne par l'impure philosophie du XVIIIe siècle.

Saint-Élophe, il est vrai, n'est plus comme dans les
siècles passés, le lieu de pèlerinage où accouraient en foule
les populations voisines comme à Saint-Nicolas-de-Port et
à Notre-Dame-de-Sion. Le souffle du jansénisme et les
suites déplorables de la Révolution les ont éloignées de
son sanctuaire. Mais il est loin d'être abandonné. Il est
toujours la ressource salutaire dans les détresses publiques.
Il n'est pas de jours où de pieux pèlerins ne viennent
s'agenouiller devant les reliques du saint Martyr, et
solliciter ses bienfaits.

Le touriste examine les divers monuments qui attirent
son attention et s'en va. Il ne prie guère. Le pèlerin a
d'autres vues, des intentions meilleures. 1° Il veut
plaire à Dieu et obtenir, par la médiation de saint
Élophe les faveurs dont il a besoin, ou pour lui, ou pour
les autres. 2° Il met sa confiance dans la miséricorde
divine et dans la puissante protection de son Serviteur.
3° Soumis à la volonté de Dieu, il sait que sa prière lui

sera toujours utile. S'il n'a pas ce qu'il demande, Jésus-Christ en a fait la promesse, il aura quelque chose de meilleur. 4° Il sait qu'une affection coupable le rendrait ennemi du Dieu qu'il implore, il s'est purifié par la pénitence, et pendant son voyage, il s'est tenu dans le recueillement et la modestie.

C'est à l'église qu'il se rend d'abord pour y adorer le Saint-Sacrement qui est la source de toutes les grâces, et après avoir invoqué l'assistance de la Reine des martyrs, il parcourt les différentes stations du pèlerinage, afin de revenir plein de foi, d'espérance et d'amour, devant les saintes Reliques, implorer les bienfaits du glorieux saint Élophe.

Sur la rive droite du Vair, dans une riante prairie où rien ne manque pour le charme du paysage, se trouve une petite chapelle rustique. Elle est bâtie au lieu même où saint Élophe recueillit la palme du martyre. C'était sans doute autrefois une promenade ou plutôt une place publique où les magistrats romains rendaient la justice. Cette terre abreuvée du sang de l'apôtre de Solimariaca fut toujours l'objet d'une vénération particulière.

Les fidèles y érigèrent un petit monument, une croix peut-être, qui fut bientôt remplacée par un oratoire où ils se réunissaient pour invoquer le saint Martyr. Ce lieu sacré subit le sort de la chapelle construite à la montagne, sur le tombeau. Ravagé par les Vandales, relevé, puis détruit, il fit place à la chapelle qui existe de nos jours sous le nom de Sainte-Épaïotte. Elle est de petites dimensions : 9 mètres sur 4. Elle a deux travées à pleins cintres.

En 1614, on y éleva un autel soutenant un retable en

grès sur lequel on sculpta les sujets suivants : L'empereur Julien, la tête ceinte d'une couronne à pointes, ayant dans la main droite une épée fort courte, est assis sur un trône élevé qu'environnent quatre gardes armés de glaives et de lances ; saint Élophe agenouillé devant le bourreau qui lui tranche la tête ; un ange dans les airs tient une couronne sur le Martyr ; le Saint portant sa tête de la main droite, un bâton de la gauche, marche vers la montagne ; la chapelle Sainte-Épaïotte et l'église de Saint-Élophe, enfin une sainte tenant une palme.

Par ce dernier personnage, le sculpteur a voulu représenter une sainte Épagnotte que quelques-uns croyaient avoir été la domestique de saint Élophe. La vérité est que le nom d'Épaïotte lui vient de l'épée qui servit au martyre du Saint et que l'on a conservée longtemps dans cette chapelle.

André du Saussay, 86ᵉ évêque de Toul, permit, le 29 janvier 1688, à Élophe Coüard, d'une des meilleures familles de Brancourt, ses oncle et grand-oncle ayant été successivement curés de Saint-Élophe, de bâtir, près de la chapelle, une habitation pour y vivre en solitude et vaquer au service de Dieu sous la direction de son curé. Le doyen rural, curé de Moncel, lui donna l'habit et lui traça le règlement des ermites de ces temps-là.

La chapelle Sainte-Épaïotte, exposée au même danger que l'église, en subit les variations dans la suite des siècles : elle avait été ornée par les pieux fidèles, elle fut dépouillée par les ennemis des choses saintes. Elle fut vendue avec les prés qui y attenaient, pendant la Révolution. Redevenue propriété paroissiale, entièrement dépourvue de ses biens, sans porte ni fenêtre, elle tomba dans un délabrement tel qu'elle pouvait à peine recevoir les filets des pêcheurs.

Sa restauration eut lieu en 1869. Les murs redressés, les nervures rejointoyées, la toiture reprise, un petit campanile avec sa cloche, le pavé, hélas! relevé de quelques centimètres à cause des inondations, une porte neuve, des vitraux peints aux fenêtres, un autel ogival en pierre blanche, lui rendirent sa beauté primitive. Monseigneur, le 25 juin, permit de la rendre au culte, de la bénir, d'y célébrer la messe quatre fois l'année, et accorda 40 jours d'indulgence à tous ceux qui y prieront dévotement. L'ancien retable, conservé avec soin, fut appliqué à un mur latéral. La bénédiction de la chapelle se fit solennellement le 7 juillet, en présence d'un immense concours de fidèles.

Ce lieu saint rappelle l'invincible constance du grand Martyr, qui plein de mépris pour les menaces les plus cruelles, comme pour les promesses les plus séduisantes, aima mieux tout perdre et tout souffrir que de manquer de fidélité à son Dieu. Heureux de sceller de son sang la céleste doctrine qu'il avait enseignée!

Les chrétiens de nos jours n'ont pas à craindre de voir leurs corps déchirés de verges et leurs têtes tomber sous le glaive des bourreaux. Ils ont à redouter un ennemi plus cruel, parce qu'il fait plus de victimes : c'est le respect humain, crime par lequel l'homme rougit honteusement de paraître enfant de Dieu et disciple de Jésus-Christ.

C'est une servitude honteuse de se réduire à régler sa religion et ses pratiques chrétiennes, non d'après ses désirs et sa conscience, mais d'après les caprices des autres. C'est petitesse d'esprit et bassesse de cœur.

C'est une lâcheté odieuse. Appartenir à Dieu par les titres les plus légitimes, être enrichi de ses dons, racheté de son sang, héritier de sa gloire, et l'abandonner aux risées libertines, et le trahir! Une semblable conduite serait même impardonnable dans les âmes mercenaires que le besoin attache au service des grands. Lâcheté réprouvée par l'Évangile et condamnée par les païens eux-mêmes.

Ce crime détruit dans l'âme de ceux qui s'en rendent esclaves le fondement de la religion qui est l'amour de Dieu, les fait tomber dans de ridicules apostasies et arrête l'effet des grâces les plus puissantes. Ils éprouvent de bonnes dispositions, mais la crainte du monde et de ses jugements les fait évanouir.

Qui pourrait énumérer les scandales du respect humain et les effets pernicieux de ses criminelles complaisances?

Souvenez-vous des martyrs, vos frères dans la foi, et membres de la même Église que vous. Craignaient-ils la présence des hommes, leurs regards, leurs paroles?

Saint Élophe, accordez à vos enfants ce noble courage qui les fera marcher hardiment dans la pratique de leurs devoirs. Que pleins de mépris pour les maximes et les vains jugements du monde, ils s'attachent inviolablement aux divins enseignements que vous leur avez donnés, et qu'ils apprennent de Vous à souffrir avec soumission à la volonté divine, les épreuves de la vie!

CHAPITRE XXVIII

LA FONTAINE DE SAINT ÉLOPHE. — BIENFAITS DE SES EAUX RENDUS CROYABLES PAR LES PRODIGES INCONTESTÉS DES FONTAINES MIRACULEUSES DE NOS JOURS.

En s'éloignant de la chapelle du martyre, le pèlerin suivra les traces sanglantes de saint Élophe. Comme lui, il se dirigera vers la montagne, et comme lui, il s'arrêtera près du rocher d'où il fit jaillir une source en le frappant de son bâton pastoral.

Cette fontaine menaçait ruines. Elle fut rétablie en 1873. Elle est couverte par une voûte en pierre et forme une enceinte de 4 mètres de long sur 2 mètres 80 de large et 2 mètres 70 de haut. On y descend par cinq marches. Les eaux sont conduites par de petites rigoles dans un bassin, d'où elles s'écoulent en dehors dans une cuvette qui servit, dans l'ancienne église, de fonts baptismaux, et où l'on peut, à la fois, puiser de l'eau pure, et plonger les membres malades et les linges qui leur sont destinés.

Une porte en fer à claire-voie, dont la clef est toujours à la disposition des pèlerins, protège la pureté et la limpidité de la source. L'entrée est couronnée par un bandeau à plein cintre avec torsade, surmonté d'une croix. Le tympan est orné d'une croix latine, ayant

une colombe de chaque côté. A droite et à gauche, s'é-
tendent deux rochers, avec retours en maçonnerie qui
forment une sorte de parvis.

Cette source miraculeuse fut un bienfait de Dieu. Il
en fit l'instrument de ses miséricordes. Par elle, il guérit
une multitude d'infirmités devant lesquelles la science
humaine se reconnaît impuissante.

Une semblable attestation, en plein XIXe siècle, doit
provoquer la surprise, le sourire et la colère.

La foule compacte des gens qui se plongent dans l'at-
mosphère agitée de l'industrie, du négoce, de la bourse,
de la mode et des plaisirs, sans nier la possibilité des
miracles dans les temps reculés, trouvent que le degré
de civilisation que nous avons atteint ne comporte plus
guère des faits de ce genre.

Quant aux libres penseurs, positivistes, matérialistes,
athées, leur âme collée lourdement à la terre ne saurait
s'élever au-dessus des choses de ce monde. Le miracle
pour eux est une absurdité. Ils crient alors à l'hypocrisie,
au fanatisme, à la duplicité. De là, leurs épigrammes,
leurs sarcasmes et leurs impiétés.

Mais les faits sont impitoyables. Ils s'imposent avec
une force irrésistible. Ils foulent aux pieds ces pauvres
pygmées, esclaves de l'orgueil et de l'ignorance, et
passent outre. Comment, sans devenir absurde, nier
l'objet d'une conviction générale?

Une tradition constante, uniforme, universelle, attribue
l'origine de la fontaine à Saint-Élophe. Pour ne pas
avouer un fait miraculeux, quelques-uns l'ont regardée
comme servant aux ablutions druidiques. Mais ils n'en
peuvent offrir aucune preuve valable.

D'ailleurs les prodiges qui défient toute critique, et que nous avons constamment sous les yeux, rendent bien croyables les miracles que nos ayeux attribuent à l'eau de Saint-Élophe.

Le samedi 19 septembre 1846, la Reine du ciel, assise dans l'attitude la plus douloureuse, appelle deux pauvres petits bergers, et laissant tomber de ses yeux une pluie de larmes lumineuses, leur annonce que le blasphème et la violation du dimanche appesantissent tellement le bras de son Fils, qu'elle a peine à le soutenir. Le rocher où s'appuyait la Mère de miséricorde livre subitement passage à un cours d'eau qui n'a jamais subi de diminution, même sous l'influence des chaleurs caniculaires qui tarissent les autres sources alpestres.

Le jeudi 25 février 1858, sur les roches Massabielles, Marie, de cette voix douce et maternelle qui charmait, il y a dix-huit siècles, les oreilles filiales de l'Enfant-Dieu, dit à Bernadette : Allez boire et vous laver à la fontaine. Puis étendant sa main puissante à laquelle la nature est soumise, elle lui indique, sous la roche, un sol desséché. L'enfant, de sa petite main, gratte la terre, et arrivant des profondeurs inconnues à travers des monceaux de marbre, une eau mystérieuse jaillit et donne bientôt plus de cent mille litres par jour.

Les analyses les plus savantes ont démontré que ces eaux limpides n'empruntent à aucun élément chimique, à aucune substance minérale, le privilége unique d'innocuité à l'égard de tous ceux qui s'abreuvent à leur source glaciale, dans l'état défavorable d'une sueur ruisselante. Employées en quantité minime, elles guérissent instantanément les maladies les plus rebelles à tous les agents thérapeutiques. N'est-il pas évident qu'elles possèdent des propriétés surnaturelles?

Pourquoi les eaux de Saint-Élophe n'auraient-elles pas eu la même vertu? Dieu était-il moins puissant, moins bon, moins miséricordieux au IVe siècle qu'il ne l'est de nos jours? Les fidèles de la contrée l'ont bien compris, et malgré le rire et les plaisanteries des incroyants, ils aiment, dans leurs souffrances, à s'abreuver de ces eaux bienfaisantes.

Il m'a été affirmé, sur les montagnes de la Salette, d'après de nombreuses observations, que l'eau qui s'échappe des flancs du Gargas, obéissant à une force invisible mais intelligente, se développe suivant le nombre et les besoins des pèlerins. Ne serait-ce pas là l'explication de la diminution sensible qu'a éprouvée la fontaine miraculeuse du saint Martyr?

A la vue des eaux qui filtrent à travers les rochers, le pieux pèlerin comprendra que, si les peines inséparables du service de Dieu sont dures, le bon Maître en fait sortir des ruisseaux de consolations. La plaque de fer, de forme triangulaire, placée sur le seuil de la porte pour indiquer les gouttes de sang du Martyr, lui rappellera que s'il passe par la porte des tribulations et du sang, il arrivera à la fontaine éternelle qui désaltère, et au bain rafraîchissant qui guérit de tous les maux. S'il cherche à ses souffrances, à ses infirmités le remède facile dû aux mérites de saint Élophe, qu'il prie en même temps le glorieux Martyr de lui inspirer un plus grand désir encore de puiser aux eaux salutaires de la grâce, dans les fontaines du Sauveur.

A quelques mètres plus loin, en continuant à gravir la

hauteur, l'on rencontre le rocher fendu qui ouvrit ses
flancs pour dérober le Martyr à la vue des satellites de
Julien-l'Apostat. C'est une excavation dans la roche, de
3 mètres 50 de long sur 70 centimètres de large, et
2 mètres 30 d'élévation. Le fond est fermé par une maçonnerie. Une petite voûte en berceau protège la statue
de saint Élophe. Au-dessus de l'arc se trouve une attique
avec amortissements, surmontée autrefois d'une croix
donnée par Stanislas Leckzinski, duc de Lorraine, et
brisée pendant la Révolution. Elle est remplacée par une
autre toute nouvelle.

Ce rocher est un monument de la tendresse toute maternelle dont la Providence environne ses élus. Pendant
les épreuves de la vie, elle les laisse parfois tomber sous
la tyrannie des méchants. Ils vivent dans le mépris et
passent leurs jours dans la tribulation. Mais elle connaît
le temps de les couvrir de ses ailes, de les retirer de l'humiliation, de les faire triompher, et de leur donner la
couronne de gloire.

Si votre âme est dans la peine et votre corps dans la
souffrance ; si malgré votre ardente prière et les fatigues
du voyage vous vous trouvez dans les mêmes infortunes,
dans les mêmes infirmités, pieux pèlerin, ne perdez pas
courage ! Dieu le sait, et il vous aime. Quand il sera
temps, il vous délivrera de vos afflictions et vous en
donnera la récompense.

Tympan de la grotte de Saint Elophe,
canton de Coussey (Vosges).

C. Fontaine arch. del. 1875.

CHAPITRE XXIX

LE SIÉGE DE SAINT ÉLOPHE. — SA CHASSE. — SON
TOMBEAU. — DESCRIPTIONS. — CONSIDÉRATIONS PIEUSES
DU PÈLERIN DE SAINT-ÉLOPHE.

Le pèlerin laisse le rocher qui servit d'asile à saint
Élophe, et, à la suite du saint Martyr, il arrive au sommet
de la montagne. Un horizon incomparable s'étend à ses
regards; mais toujours recueilli et livré aux plus sérieuses
pensées, il pénètre dans le champ des morts, dans cette
enceinte sacrée où, à l'ombre du sanctuaire et autour du
tombeau du glorieux Patron, depuis quinze siècles, tant
de générations sont venues s'affaisser et disparaître !

Elle est sainte la terre qu'il foule aux pieds. Ce sont
les débris des ancêtres. L'enfant comme le vieillard, la
gracieuse jeune fille comme l'aïeule vénérable; l'homme
fort et vigoureux comme le pauvre estropié; beauté,
talent, richesse, tout s'y est enseveli sans laisser de
traces sous le vert gazon, comme le navire naufragé sous
les flots de l'océan !

C'est là que le dimanche, en sortant du temple du
Dieu des vivants et des morts, les membres de la famille
chrétienne environnent la sépulture des aïeux pour la
bénir et y répandre une prière. Il est si doux le souvenir
des êtres chéris que l'on désire et que l'on cherche

15

vainement au foyer domestique ! Il est si avantageux de se recueillir et d'arrêter un instant ses regards sur le gouffre sans fond où ils sont tombés et où bientôt l'on descendra soi-même.

Ce fut une pensée inhumaine qui assigna, pour recevoir les morts, ces enclos solitaires que les vivants peuvent à peine visiter.

Le tombeau des pères n'abrège pas les jours des fils, comme le prétend l'impiété. Il enseigne la sagesse et la vertu qui conduisent à une honorable vieillesse. Il n'est odieux que pour le pervers, qui n'a plus d'espérance après la mort, et pour le cœur dépravé qui ne sait plus aimer.

C'est avec ces grandes et salutaires pensées, qu'à travers les croix, le pèlerin arrive à la Chaire de saint Élophe, ce dur rocher qui s'amollit comme la cire, et offrit un siége au Martyr lorsqu'il s'y reposa un moment.

Elle est abritée depuis longtemps dans une petite chapelle à claire-voie, voûtée en ogive, et n'ayant à l'intérieur qu'un mètre et demi de chaque face, sur deux mètres d'élévation, non compris la croix posée sur un socle qui termine le fronton.

Quel étrange spectacle dut offrir aux chrétiens l'illustre Martyr, assis sur cette roche, tenant à la main sa tête ruisselante de sang ! Immobile et sans parole, avec quelle puissance il condamnait les folies païennes, les désordres du monde, l'illusion des plaisirs et la vanité des honneurs ! Comme il affirmait la foi qu'il avait prêchée, le courage dans la vertu, et les espérances de la fidélité !

Le corps de saint Jean-Chrysostôme, après sa mort, fut apporté à Constantinople, dans l'église où avaient retenti ses immortelles prédications. La vue du grand archevêque, comme celle de l'archidiacre de Toul, fit sur le peuple une impression plus profonde que ses plus éloquentes paroles !

La châsse où sont renfermées les précieuses Reliques de saint Élophe est déposée sur un autel, dans la chapelle qui lui est destinée. Si les lieux sanctifiés par la présence du saint Martyr sont l'objet d'une juste vénération, quels sentiments doit inspirer la vue de ses ossements sacrés !

Ils furent le temple du Saint-Esprit lorsque son âme bienheureuse, ornée des dons de la grâce, les animait. Ils ont été les instruments dont il s'est servi pour glorifier Dieu.

Ce n'est pas sans un dessein de la miséricorde divine qu'ils ont été préservés de la fureur des méchants, à travers les siècles passés. Ils sont entre les mains du Seigneur comme la baguette entre les mains de Moïse. Ils ont abreuvé d'eaux fertilisantes les terres desséchées, apaisé les tempêtes et rendu à l'air sa sérénité. Ils ont la voix assez forte pour se faire entendre jusqu'au trône de Dieu.

Combien de grâces de conversion ils ont obtenues à de pauvres pécheurs ! Combien d'âmes ils ont préservées de la contagion du mal ! Combien de maladies ils ont guéries et combien de fois ils ont protégé contre la justice de Dieu !

Pieux pèlerin, élevez entre le ciel et vous ce saint trophée, pour arrêter les traits de la colère divine, et le Seigneur, qui se laisse attendrir par le seul nom de ses élus, se laissera fléchir. Il désarmera ses mains et vous comblera de bénédictions.

Sollicitez, par ces saintes Reliques, les faveurs pour lesquelles vous avez entrepris votre pèlerinage. Priez pour vous, pour vos amis, vos bienfaiteurs, priez pour la sainte Église, pour la patrie désolée, pour les pauvres pécheurs et pour les justes qui gémissent dans le lieu de l'expiation.

Le tombeau de saint Élophe se trouve à l'entrée du sanctuaire. C'est en son honneur qu'a été construite la belle église qui le couronne.

L'antique sarcophage qui, pendant six siècles, a conservé le corps de saint Élophe, existe tel qu'il sortit des mains des fidèles qui lui donnèrent la sépulture. Il est demeuré ouvert depuis que saint Gérard en retira les ossements du saint Martyr. Il n'a cessé, depuis lors, d'être l'objet du respect des chrétiens.

Sur les bords de la pierre sépulcrale sont placés sept piliers ornés de bas-reliefs qui représentent la famille de Bacchius, et vraisemblablement le curé qui administrait la paroisse à l'époque de la construction du monument, et la personne pieuse qui en fit la dépense.

Soutenue par ces piliers un peu au-dessus du sol, s'étend une dalle magnifiquement travaillée, sur laquelle repose, comme un vainqueur sur son bouclier, une fort belle statue de grandeur naturelle. Elle représente saint Élophe avec la dalmatique de l'archidiacre, tenant sa tête d'une main et serrant de l'autre son bâton pastoral. Un lion, emblème de force et de courage, est couché à ses pieds.

Un petit escalier permet de descendre dans le tombeau.

Ce n'est qu'avec une crainte respectueuse que l'on s'approche de cette tombe entr'ouverte. Les saintes ténèbres dont elle est remplie calment les passions, et réveillent les sentiments qu'inspire la pensée de la mort et des vérités éternelles.

La divine Écriture rapporte qu'un cadavre, jeté dans le sépulcre d'Élisée, revint à la vie dès qu'il eut touché les ossements du saint prophète. Pieux pèlerin, qui descendez avec larmes au souvenir de vos péchés, dans le tombeau de saint Élophe, demandez au Seigneur la vie de votre âme. Enseveli dans une profonde humilité, baisez avec amour la pierre sacrée, puis sortez avec l'espérance d'une résurrection heureuse.

Enfin, prosterné à deux genoux devant la statue séculaire du saint Martyr, priez avec ferveur le bienheureux saint Élophe de vous bénir, de bénir vos résolutions, et de vous accorder d'aimer le Seigneur votre Dieu.

Glorieux Martyr, obtenez pour vos enfants la conservation de la foi que vous avez prêchée et scellée de votre sang, le respect pour la loi divine et la soumission à la sainte Église de Jésus-Christ. Accordez-leur le courage de résister victorieusement à la tyrannie du respect humain, à l'entraînement des mauvais exemples, aux attaques des passions et aux puissances de l'enfer. Guérissez leurs âmes, guérissez leurs corps, et qu'à l'aide de vos mérites et par votre puissante intercession, ils aient le bonheur de vous aimer toujours, et de régner avec vous dans le royaume de Dieu!

FIN.

TABLE

PREMIÈRE PARTIE.

SECONDE PARTIE.

FIN DE LA TABLE.

Neufchâteau. — Imprimerie de KIENNÉ.

www.ingramcontent.com/pod-product-compliance
Ingram Content Group UK Ltd.
Pitfield, Milton Keynes, MK11 3LW, UK
UKHW020137130726
13696UKWH00001B/396